ASSOCIATION NATIONALE FRANÇAISE
POUR LA
PROTECTION LÉGALE DES TRAVAILLEURS

LES ACCIDENTS DU TRAVAIL survenus aux Enfants âgés de moins de treize ans

PAR

Henri CAPITANT

Professeur à la Faculté de Droit de l'Université de Paris

FÉLIX ALCAN
MARCEL RIVIÈRE
ÉDITEURS

NOUVELLE SÉRIE N° 3

COMITÉ DIRECTEUR DE L'ASSOCIATION

Paul CAUWÈS, doyen de la Faculté de Droit de l'Université de Paris, président honoraire de l'Association.

A. MILLERAND, député, ancien ministre, président.

Ed. BRIAT, secrétaire général de la Chambre consultative des Associations ouvrières de production, membre du Conseil supérieur du travail et de la Commission supérieure du travail dans l'industrie, vice-président.

A. LIEBAUT, ingénieur, membre du Comité consultatif des arts et manufactures et de la Commission supérieure du travail dans l'industrie, vice-président.

Raoul JAY, professeur à la Faculté de Droit de l'Université de Paris, membre du Conseil supérieur du travail, secrétaire général.

Léon de SEILHAC, publiciste, délégué permanent du service industriel et ouvrier du *Musée social*, trésorier.

Georges ALFASSA, ingénieur civil, E. C. P.

Louis BARTHOU, député, Président du Conseil des Ministres.

Adéodat BOISSARD, professeur à la Faculté libre de Droit de Paris.

François FAGNOT, enquêteur à l'*Office du travail*.

Arthur FONTAINE, directeur du Travail au Ministère du Travail et de la Prévoyance sociale.

Arthur GROUSSIER, député.

Auguste KEUFER, délégué permanent de la Fédération française du Livre.

Abbé LEMIRE, député.

André LICHTENBERGER, directeur-adjoint du *Musée social*.

Henri LORIN, ancien élève de l'Ecole Polytechnique.

Etienne MARTIN-SAINT-LÉON, bibliothécaire du *Musée social*.

Comte A. de MUN, député.

C. PERREAU, ancien député, professeur à la Faculté de Droit de l'Université de Paris.

Eug. PETIT, docteur en Droit, ancien chef du cabinet du ministre du Commerce.

Paul PIC, professeur à la Faculté de Droit de l'Université de Lyon.

Ivan STROH[illegible], industriel.

Edouard VA[illegible]LANT, député.

Richard WA[illegible]DINGTON, sénateur.

SIÈGE SO[illegible]AL : **5, rue Las-Cases, PARIS, VIIe**

L'Association nationale française examine et discute dans ses réunions périodiques les questions de législation du travail à l'ordre du jour. Elle publie le compte rendu de ses discussions. Ces publications sont servies aux membres de l'Association.

Sont membres de l'Association les personnes et les sociétés qui considèrent la législation protectrice des travailleurs comme nécessaire et adhèrent aux statuts de l'Association.

La cotisation annuelle est fixée à 10 francs. Elle est réduite à 3 francs pour les personnes ou les sociétés qui ne demandent pas à recevoir les publications de l'Office international.

Les adhésions sont reçues par le trésorier de l'Association : M. Léon DE SEILHAC, délégué permanent du Musée social, 5, rue Las-Cases.

ASSOCIATION NATIONALE FRANÇAISE
POUR LA
PROTECTION LÉGALE DES TRAVAILLEURS

LES ACCIDENTS DU TRAVAIL survenus aux Enfants âgés de moins de treize ans

RAPPORT

DE

M. Henri CAPITANT

Professeur à la Faculté de Droit de l'Université de Paris

Compte rendu des Discussions. — Vœux adoptés

PARIS

LIBRAIRIE FÉLIX ALCAN
MAISONS FÉLIX ALCAN & GUILLAUMIN réunies
108, BOULEVARD SAINT-GERMAIN, 108

MARCEL RIVIÈRE et Cie
LIBRAIRIE des SCIENCES POLITIQUES & SOCIALES
31, RUE JACOB, 31

1913

LES ACCIDENTS DU TRAVAIL

survenus aux Enfants âgés de moins de treize ans

Assemblée générale du 7 Avril 1913

Présidence de M. A. MILLERAND

RAPPORT DE M. HENRI CAPITANT

Professeur à la Faculté de Droit de l'Université de Paris

MESSIEURS,

La question de la réparation des accidents survenus aux enfants âgés de moins de 13 ans, illégalement employés comme ouvriers ou apprentis dans un établissement industriel, s'est posée à diverses reprises devant les tribunaux, au cours de ces dernières années. Dans toutes les espèces que les juges ont eu à trancher, la question litigieuse consistait à savoir s'il fallait appliquer à ces accidents les dispositions de la loi du 9 avril 1898.

Les tribunaux de première instance et les cours d'appel se sont divisés sur la solution, les uns se prononçant pour, les autres contre l'application de cette loi.

Trois arrêts de la Cour suprême, émanés l'un de la

Chambre des requêtes, le 1er mars 1910 (1), les deux autres de la Chambre civile, le 8 décembre 1909 (2) et le 22 mai 1912 (3), l'ont définitivement tranchée, et ont mis un terme aux divergences qui s'étaient jusque-là manifestées.

Ces trois arrêts ont décidé que la loi de 1898 n'était pas applicable à ces accidents. Leur argumentation peut se réduire au syllogisme suivant :

La responsabilité forfaitaire, imposée aux chefs d'entreprise par la loi du 9 avril 1898, implique nécessairement l'existence d'une convention préalable de louage de services entre ceux-ci et les ouvriers qu'ils emploient. Or, le contrat conclu en violation de la loi du 2 novembre 1892, aujourd'hui articles 1 à 3 du livre II du Code du travail, est radicalement nul, car cette loi est d'ordre public. Cette nullité peut être demandée par tous les intéressés et même prononcée d'office. En conséquence, il n'y a pas contrat de louage de services entre le chef d'entreprise et l'enfant, et la loi ne peut pas s'appliquer.

Cette solution rigoureuse a soulevé dans la doctrine des protestations unanimes. On a dressé contre elle des objections que je crois fondées. Par un changement curieux des rôles ordinaires, c'est la doctrine qui fait appel ici aux considérations d'équité, et c'est la Cour de cassation qui se cantonne sur le terrain du droit strict.

Il est inutile d'insister longuement sur ces objections, car il n'y a plus lieu d'espérer un revirement de la jurisprudence. Je me contente donc de les indiquer en quelques mots :

1° La Chambre civile raisonne comme si le risque pro-

(1) *Bulletin de l'Office du Travail* 1910, p. 1096.
(2) *Ibid.* 1910, p. 55.
(3) *Ibid.* 1912, p. 861.

fessionnel était un effet du contrat de travail, qui lie le chef d'entreprise à la victime. Or, cela est inexact. La responsabilité patronale a sa source dans la loi elle-même, et non dans l'accord des parties. La preuve en est que celles-ci ne peuvent pas en modifier l'étendue. Sans doute, pour que cette responsabilité légale entre en mouvement, il faut un contrat de travail entre les deux intéressés, car c'est ce contrat qui permettra de calculer l'indemnité. Mais, qu'il soit valable ou nul, cela importe peu, puisque ce n'est pas lui qui engendre l'obligation de payer cette indemnité.

2° Quand bien même la responsabilité patronale serait un effet du contrat, la nullité de celui-ci ne la ferait pas disparaître. Les contrats successifs, c'est-à-dire, les contrats qui unissent pendant un certain temps les contractants les uns aux autres, créent une situation de fait que rien ne peut par la suite effacer, pas même l'annulation. Il en est ainsi pour la société, pour le louage d'immeubles, pour le louage de services. On a beau annuler le contrat, cela n'empêche pas qu'en fait les intéressés ont été associés, que le locataire a habité un certain temps l'immeuble, que l'ouvrier a travaillé pour le patron. On a beau annuler le contrat, on est obligé néanmoins de tenir compte de cet état de choses. Il faut liquider les opérations sociales, il faut bien aussi que le bailleur garde les loyers correspondant à la durée d'habitation du locataire; il faut bien, enfin, que l'ouvrier conserve le salaire du travail qu'il a fourni ; car ce qui s'est passé ne peut pas, je le répète, être détruit. Eh bien, il en est de même pour l'accident qui a frappé l'ouvrier durant son travail. L'annulation du contrat ne rend pas à l'ouvrier sa capacité physique ; donc, il faut lui donner l'indemnité qui doit, faute de mieux, la remplacer. Nous sommes ici en presence de situations dans lesquelles le droit doit céder la place à la réalité.

La Cour de cassation peut répondre, il est vrai, à cette seconde critique, qu'elle ne méconnaît pas à ce point la vérité des choses. Elle ne prétend point, en effet, enlever à la victime toute action en réparation, mais elle soutient que cette action est régie, non plus par le droit exceptionnel de la loi de 1898, mais par le droit commun.

La Chambre civile a tenu, en effet, dans son dernier arrêt du 22 mai 1912, à se laver du reproche d'iniquité qu'on lui avait adressé, et voici en quels termes elle l'a fait :

« Il n'est pas exact de dire que, si la victime ne peut invoquer les dispositions de la loi sur les accidents du travail, le patron échapperait à toute responsabilité, grâce à la faute qu'il a commise ; car, si la loi du 9 avril 1898 ne lui est pas applicable, *il tombe sous le coup de l'article 1382 du Code civil.* » Ainsi, d'après la Cour, il reste à la victime la faculté d'invoquer le droit commun de la responsabilité.

L'exactitude de cette conclusion subsidiaire n'est pas discutable.

Que l'article 1382 soit applicable à notre matière, à défaut de la loi de 1898, cela ne fait aucun doute. Car cet article embrasse, dans sa généralité, tous les cas où une personne cause un dommage à autrui, abstraction faite de tout rapport contractuel entre l'auteur et la victime du délit. Il suppose que l'acte dommageable a été commis, non pas à propos de l'exécution d'un contrat, mais à l'égard d'un tiers, ce qui est bien notre cas, puisque le contrat de travail est nul.

Ajoutons qu'il ne faudrait pas se laisser tromper par un faux argument d'analogie et transporter dans notre hypothèse la solution rigoureuse, appliquée par la jurisprudence aux représentants, vivant hors de notre territoire, de l'ouvrier étranger tué en France. En effet, la loi de 1898 refuse toute indemnité à ces personnes (art. 3, avant-dernier alinéa) et comme, d'autre part, dans son article 2, elle interdit aux ouvriers qu'elle protège, de se prévaloir d'aucunes dispositions autres que les siennes, il en résulte que les représentants de la victime se trouvent privés à la fois du bénéfice de la loi et de celui de l'article 1382. (Voir Req., 16 novembre 1903) (1). Mais, à coup sûr, cette solution n'est pas applicable à l'enfant en sous-âge. Cet enfant, nous dit la Cour suprême, ne peut pas se prévaloir des dispositions de la loi de 1898. Donc, rien n'empêche qu'il invoque l'article 1382 du Code civil.

***

Suivons, par conséquent, la Cour de cassation sur ce terrain et voyons si, en réalité, l'article 1382 va constituer pour l'enfant une suffisante protection, au moins égale à celle que lui aurait assurée la loi de 1898.

Au premier abord, il semble que non. La loi de 1898 met tous les accidents, survenus par le fait et à l'occasion du travail, à la charge du chef d'entreprise, abstraction faite de leur cause. Au contraire, l'article 1382 du Code civil ne s'applique que dans un cas : celui où il y a eu faute commise, et c'est à la victime du dommage de prouver la faute du défendeur. Or, ordinairement, cette preuve est une lourde charge pour le demandeur. Il ne lui suffit pas, en effet, d'établir que son adversaire a commis une négligence, une imprudence quelconques, il faut qu'il prouve que cette faute a été la cause du dommage, c'est-à-dire qu'il y a, entre l'une et l'autre, relation de cause à effet. Il est vrai que s'il réussit dans

(1) *Bulletin de l'Office du Travail*, 1904, p. 997.

cette preuve il obtiendra une réparation intégrale, plus large, par conséquent, que celle de la loi de 1898, du préjudice par lui subi.

Voyons donc si notre mineur sera en état de faire aboutir sa demande.

Des deux conditions dont la preuve lui incombe, la première ne présente aucune difficulté. La faute du patron est patente, elle est évidente. Elle consiste dans la violation de la loi de 1892. C'est une faute certaine, indiscutable, que d'employer un ouvrier contrairement à la défense de la loi.

Mais peut-on considérer cette violation de la loi comme ayant été la cause de l'accident ?

C'est là qu'est le nœud du problème, car si, à cette question, nous pouvions donner une réponse de principe affirmative, l'enfant se trouverait, en réalité, dispensé de toute preuve, puisque celle-ci découlerait *ipso facto* de la contravention commise par l'industriel.

Concentrons donc notre attention sur cette idée de la relation de cause à effet qui doit exister entre la faute et l'accident, et voyons quel est, sur ce point, le système de la jurisprudence.

J'emprunte, à cet effet, un exemple à un arrêt de la Chambre civile du 7 août 1895, S. 96, 1, 127, D. P. 96, 1, 81, qui a statué dans une affaire d'accident survenu à un enfant employé en contravention des dispositions de la loi du 19 mai 1874 : un apprenti, nommé Journet, âgé de 15 ans, travaillant chez un imprimeur, avait été tué par une machine, vers dix heures du soir, à un moment où la durée légale de sa journée de travail était expirée. L'imprudence de la victime était établie. L'enfant avait quitté furtivement l'atelier où il travaillait, pour venir jouer avec un camarade dans l'atelier de tirage, où il n'avait rien à faire. Le margeur, l'apercevant, lui avait donné l'ordre de se retirer, mais l'enfant n'en avait tenu aucun compte, et, sautant sur le dos d'un jeune ouvrier pour jouer, il était tombé avec lui et avait été broyé par le volant de la machine.

Quelle était la cause effective de l'accident ? Etait-ce la contravention commise par le patron, était-ce l'acte d'imprudence de l'enfant ? Le tribunal civil d'Evreux (23 juillet 1893) et la Cour de Rouen (24 mars 1894) déboutèrent le père de sa demande. Sans doute, dirent-ils, le patron a contrevenu à la loi de 1874, mais ce fait n'a pu engager sa responsabilité, parce qu'il n'a pas, avec l'accident survenu, une relation de cause à effet, étant donné que l'enfant a été victime de sa propre imprudence.

Mais la Chambre civile cassa l'arrêt de Rouen et repoussa cette interprétation. « L'imprudence de la victime ne permet pas aux tribunaux, dit-elle, d'affranchir de toute responsabilité celui dont la faute constatée a déterminé l'accident. Le patron a commis une faute, qui a eu pour conséquence l'indue prolongation du séjour de l'apprenti dans l'imprimerie, prolongation sans laquelle il n'eût pas été matériellement possible à celui-ci de commettre l'acte d'indiscipline constaté à sa charge. Par conséquent, la relation entre la faute du patron et l'accident s'induit nécessairement de ces constatations ».

Je trouve encore l'affirmation de la même doctrine dans un autre arrêt de la Chambre civile du 22 février 1898. S. 99, 1, 492, D. P. 1901, 1.423, qui est aussi catégorique que le précédent. Un ouvrier, occupé la nuit dans une usine, profite d'une heure de repos pour pénétrer dans un magasin dont l'entrée était interdite. Il s'y couche et s'endort au pied d'un tas de balles de lin qui s'écroulent sur lui et l'asphyxient. La veuve offrait de faire la preuve qu'au moment de sa mort, son mari était occupé dans l'usine sans interruption depuis plus de 24 heures, contrairement au décret du 9 septembre 1848. La Cour de Douai repousse cette offre, parce que, dit-elle, ces faits ne démontreraient pas la faute du patron, l'accident étant dû exclusivement à l'imprudence de l'ouvrier, qui avait pénétré dans un local interdit. Mais, cette fois encore, la Chambre civile casse l'arrêt qui lui est déféré : « Si les faits sont prouvés, dit-elle, il en résultera que le patron a commis une faute consistant dans l'indue prolongation du séjour de l'ouvrier à l'usine, prolongation de séjour sans laquelle il n'eût pas été manifestement possible à l'ouvrier de commettre l'imprudence qui a amené la mort ».

L'analogie, qui existe entre les deux espèces que nous venons de relater et la nôtre, nous permet donc de répondre sans hésiter à la question que nous posions plus haut : La faute commise par le patron, qui emploie un enfant âgé de moins de treize ans, est la cause de tout accident qui peut survenir à celui-ci pendant son travail, car, si le patron n'avait pas commis cette faute, aucun accident n'aurait pu frapper l'enfant.

Nous pouvons donc affirmer, en nous fondant sur les deux arrêts précités, que si le représentant de l'enfant intentait une action en dommages-intérêts contre le chef d'entreprise, ce dernier serait condamné à réparer le préjudice causé.

Nous savons, d'autre part, que cette réparation serait bien plus avantageuse que l'indemnité forfaitaire allouée par la loi de 1898, car elle égalerait, en principe, le préjudice subi. Nous disons en principe. Elle pourrait, en effet, se trouver diminuée en fait, si l'enfant avait commis une imprudence, cause secondaire de l'accident, car la faute du patron se trouverait atténuée par celle de la victime, et l'indemnité serait abaissée proportionnellement. Mais, même dans cette dernière éventualité, qui se produira fréquemment, les actes d'imprudence et de légèreté étant tout naturels chez un jeune enfant, celui-ci aurait encore intérêt à l'application du droit commun, plutôt qu'à celle de la loi de 1898. Car cette dernière est une vraie marâtre pour les jeunes ouvriers et apprentis de moins de 16 ans. Elle ne leur accorde qu'une réparation fort restreinte.

S'agit-il, en effet, de fixer la rente à laquelle aura droit la victime, en cas d'incapacité permanente, on la calcule (1) sur le salaire le plus bas des ouvriers valides de la même catégorie occupés dans l'entreprise, c'est-à-dire, d'après une jurisprudence bien établie, sur le salaire le plus bas, non pas d'ouvriers arrivés à l'âge d'hommes, de majeurs de 21 ans, ce qui serait la solution équitable, mais de jeunes ouvriers de plus de 16 ans.

En outre, l'enfant meurt-il des suites de l'accident, ses parents n'ont droit à aucune rente, car, si pauvres qu'ils soient, on ne pourra jamais dire qu'ils étaient à la charge de l'enfant, comme l'exige l'article 3, C, de la loi.

Ainsi, il paraît ressortir de ces explications que le droit commun protège mieux le mineur de treize ans, que le régime de la loi de 1898.

***

Messieurs, ces considérations m'avaient tout d'abord, à la suite d'un premier examen de la question, paru décisives, et m'avaient déterminé à vous soumettre un vœu négatif, dans lequel je concluais qu'il n'y avait pas lieu de modifier le régime créé par la jurisprudence récente de la Cour de cassation. Mais un examen plus attentif, plus approfondi de la question, et surtout l'échange de

(1) Art. 8, 1er alinéa de la loi du 9 avril 1898.

vues que j'ai eu l'occasion de faire avec ceux qui l'ont plus spécialement étudiée, et notamment avec notre collègue, M. Georges Alfassa, ont éclairé ma religion et m'ont déterminé à abandonner la position que j'avais tout d'abord prise. Et après mûre réflexion, je suis aujourd'hui convaincu que, malgré les apparences, une réforme législative bien comprise sera favorable aux intérêts de ceux que nous voulons protéger. Il est, en effet, possible de les faire bénéficier des avantages incontestables que présente le système de la loi de 1898, tout en leur maintenant le bénéfice d'une indemnité à peu près égale à celle que leur procurerait l'application de l'article 1382 du Code civil.

Et d'abord, laissez-moi vous rappeler combien les dispositions de la loi de 1898, relatives soit à la constatation et à la déclaration des accidents, soit au règlement des indemnités, soit à la procédure, soit enfin aux garanties de paiement, constituent un régime perfectionné, supérieur aux règles du droit commun de la responsabilité délictuelle.

1° Tout d'abord, la loi de 1898 ordonne au chef d'entreprise de déclarer les accidents dans un très bref délai, et au juge de paix de procéder, sur-le-champ, lorsque l'accident paraît devoir entraîner des suites graves, à une enquête destinée à préciser les circonstances matérielles dans lesquelles il s'est produit. Ces dispositions sont fort importantes ; elles facilitent singulièrement le règlement rapide et exact de l'indemnité due à la victime.

2° Il y a tout lieu d'espérer, d'autre part, que ce règlement se fera amiablement, sans instance judiciaire, car c'est à ce but que tendent, vous le savez, les efforts du législateur de 1898, et si les litiges sont encore plus fréquents qu'il ne faudrait, néanmoins il est juste de constater que bien des affaires se règlent sans procès.

Ainsi donc, presque toujours, et sauf quand il y aura doute sur la question de savoir s'il y a accident du travail à proprement parler, l'enfant recevra sur-le-champ, sans avoir besoin de les réclamer, les soins médicaux et pharmaceutiques, l'indemnité de demi-salaire et, dans les cas plus graves où il y a incapacité permanente, on peut encore espérer que la rente sera allouée à la suite d'un accord approuvé par ordonnance du président du tribunal.

Je ne saurais trop appeler votre attention sur ces avantages. Ils sont considérables et, à eux seuls, ils nous feraient désirer l'application de la loi de 1898. Sous l'empire de l'article 1382 du Code civil, au contraire, l'instance en justice est le préliminaire indispensable de l'obtention de l'indemnité. Il faut faire un procès, parce qu'il faut prouver la faute du patron, et c'est seulement quand la justice aura prononcé, un an, deux ans après l'accident, que l'enfant touchera la réparation qui lui est due. Il ne recevra donc pas immédiatement après l'accident les soins que nécessite son état, et desquels dépendra souvent son rétablissement complet. Ou, du moins, ils ne lui seront pas donnés aussi rapidement, aussi complètement. Les parents hésiteront peut-être à faire soigner l'enfant, parce qu'ils croiront que la blessure est sans gravité ; ils hésiteront surtout à le mettre à l'hôpital, où pourtant les soins lui seront plus habilement prodigués. Bien plus, souvent les représentants de l'enfant s'arrêteront devant la perspective d'un procès. La plupart des accidents du travail sont fort heureusement des accidents légers, ne comportant qu'une incapacité temporaire. Or, poursuivre en justice le patron pour une incapacité de quelques jours, c'est presque nécessairement amener la rupture du contrat de travail, c'est-à-dire le renvoi de l'enfant, et les parents, redoutant cette éventualité, n'entameront pas une instance dont la longueur leur paraîtra, du reste, disproportionnée avec le résultat à atteindre.

3° Mais supposons qu'une action en justice devienne inévitable. Ici, la supériorité des règles de la loi de 1898 sur celle du droit commun éclate aux yeux : assistance judiciaire de plein droit ; compétence du juge de paix pour les menues indemnités ; procédure sommaire et plus rapide que celle de droit commun ; obligation pour la cour d'appel de statuer dans le mois de l'acte d'appel ; enfin, et surtout, fixation de l'indemnité sous forme de rente, et non de capital, ce qui est de la plus haute importance quand il s'agit d'un enfant, auquel l'allocation accordée doit assurer tout ou partie de sa subsistance pendant sa vie entière. Or, la procédure ordinaire n'offre aucune de ces garanties.

4° Elle n'en présente aucune non plus quant à la solvabilité du débiteur de l'indemnité ; tandis que la loi de 1898 a pris des mesures qui mettent le créancier à l'abri des suites de la faillite de son débiteur.

5° Enfin, et en dernier lieu, les chefs d'entreprise, aujourd'hui assujettis à la loi de 1898, sont presque tous assurés contre les conséquences de leur responsabilité, et cette assurance constitue une sûreté précieuse pour les ouvriers victimes d'accidents, sûreté dont profitera notre enfant.

Dans l'état actuel du droit, au contraire, l'assurance, contractée par le chef d'entreprise pour son personnel, ne couvre pas les enfants en sous-âge qu'il occupe en contravention à la loi, et par conséquent, ceux-ci se trouvent exposés au risque d'insolvabilité, risque d'autant plus fréquent que l'emploi des enfants de moins de treize ans se rencontre assez souvent dans la petite industrie.

***

Tels sont les avantages indéniables, incontestables que présentera pour l'enfant le régime de la loi du 9 avril 1898.

Mais il reste toujours l'infériorité que je signalais ci-dessus et qui m'avait d'abord si fortement impressionné. La rente allouée par la loi de 1898 au mineur sera bien moins élevée que l'indemnité que lui assure l'application de l'article 1382.

Nous ne pouvons pas prendre notre parti de cette infériorité, elle est trop grave ; et l'application des règles que nous venons de signaler ne suffit pas, à nos yeux, à la compenser. C'est pourquoi, si nous voulons faire une réforme vraiment efficace, il ne faut pas nous borner à demander l'application de la loi de 1898 aux accidents survenus à l'enfant de moins de treize ans. Il est indispensable de lui assurer une indemnité supérieure à celle que prévoit le texte de l'article 8.

Le moyen le plus simple d'y parvenir, si nous ne voulons pas demander la modification de la loi elle-même, au profit de tous les mineurs de seize ans, ce qui serait une réforme autrement vaste et partant plus difficile à faire aboutir, est de recourir à l'idée de *faute inexcusable* et de dire : Le fait d'employer des enfants, en contravention des articles 1 à 3 du livre II du Code du travail, doit être assimilé à la faute inexcusable, laquelle, d'après l'article 20 de la loi, autorise le tribunal à élever le chiffre de la rente jusqu'à un maximum égal, soit à la réduction de capacité causée par l'accident, soit au montant du salaire annuel pris pour base par l'article 8.

Une telle proposition n'a rien d'excessif. Je sais bien que dans la pensée du législateur de 1898, la faute inexcusable est quelque chose d'exceptionnel, une faute tellement lourde que rien ne peut expliquer la conduite de son auteur. Mais un chef d'entreprise, qui viole délibérément la loi, qui ouvre ses ateliers à des enfants âgés de moins de 13 ans et expose au risque redoutable de l'accident de pauvres petits êtres sans défense, ne commet-il pas un acte répréhensible au premier chef, et ne doit-on pas dire que rien ne saurait excuser sa conduite ?

Je ne me dissimule pas cependant les objections que l'on peut faire à cette proposition.

Tout d'abord, peut-on nous dire, vous aggravez la sanction attachée par nos lois à la contravention commise. L'article 159 du livre II du Code du travail la punit d'une amende de 5 à 15 francs, et vous y ajoutez une pénalité bien autrement lourde en permettant aux juges d'élever le chiffre de la rente.

Peut-être aussi nous reprochera-t-on de manquer de logique. Pourquoi, en effet, dira-t-on, accorder aux enfants de moins de treize ans une indemnité plus forte qu'aux enfants de treize à seize ans ? Si la loi de 1898 est mal faite, il faut en demander la réforme, non pas seulement pour les premiers, mais également pour les seconds. Il n'y a pas de raison plausible pour traiter mieux l'enfant en sous-âge que ses camarades plus âgés, mais qui n'ont pas encore atteint seize ans.

Je crois qu'il est facile de répondre à l'une et l'autre de ces objections. Et d'abord, il faut bien se garder de confondre les deux points de vue pénal et civil. Sans doute, le fait d'employer un enfant en sous-âge n'est qu'une contravention de simple police, mais il est aussi un délit civil, il est une faute lourde et, comme tel, il oblige son auteur à réparer les conséquences dommageables qu'il peut causer à l'intéressé.

Quant au reproche d'illogisme, il est aisé de nous en laver. L'enfant de moins de 13 ans est plus exposé à cause de sa faiblesse, de sa légèreté, de son étourderie, qu'un jeune apprenti ou ouvrier qui a dépassé cet âge. Il mérite donc une plus grande protection. Au surplus, ce que nous voulons, c'est frapper l'acte inexcusable, la faute impardonnable commise par le patron qui embauche des mineurs de treize ans. En présence d'une faute de cette gravité, l'atténuation de responsabilité édictée par la loi de 1898 doit être mise de côté, et il faut en revenir à la règle que l'indemnité doit réparer le dommage.

Il est bien entendu, du reste, que nous n'entendons appliquer cette règle qu'au chef d'industrie qui a sciemment employé des enfants âgés de moins de treize ans. On ne saurait traiter avec la même rigueur le patron qui a été induit en erreur sur l'âge de l'enfant par la production d'un faux livret ou d'un faux certificat d'études ou encore d'aptitude au travail physique. Quand il a été fait emploi de manœuvres de ce genre, l'aggravation de la responsabilité patronale n'a plus de raison d'être, et il convient de revenir à l'application pure et simple des règles de la loi de 1898.

Telles sont, Messieurs, les considérations qui me déterminent à vous proposer l'adoption de la résolution suivante :

La loi du 9 avril 1898 s'applique aux accidents survenus par le fait ou à l'occasion du travail à un enfant âgé de moins de 13 ans, employé contrairement aux dispositions des articles 1 à 3 du livre II du Code du travail.

Le fait d'embaucher, soit comme apprenti, soit comme ouvrier, un enfant qui n'a pas atteint l'âge prescrit par les articles précités du Code du travail, est assimilé à la faute inexcusable du chef d'entreprise, prévue par l'article 20 de la loi précitée, à moins que l'infraction n'ait été le résultat d'une erreur provenant de la production d'actes de naissance, livrets ou certificats contenant de fausses énonciations ou délivrés pour une autre personne.

DISCUSSION

M. le Président. — Je remercie M. Capitant du très intéressant exposé qu'il vient de nous faire d'une question qui est autant juridique que sociale.

Avant de donner la parole à M. Barrault, je lui demande la permission de faire une observation d'ordre général.

J'ai écouté avec le plus vif intérêt l'exposé que nous venons d'entendre et je dois dire que, tout en applaudissant sans réserve à la générosité qui l'a dicté, il ne me satisfait pas complètement au point de vue des constructions juridiques. Je vous demande pardon, c'est Gros-Jean qui veut en remontrer à son curé, mais je vais vous dire pourquoi.

Ce qui domine, me semble-t-il, toute votre étude, c'est cette considération que le fait par un patron d'embaucher un enfant de moins de 13 ans est un acte absolument inexcusable.

Vous tirez de cette considération cette première conséquence, que vous appuyez sur les arrêts très intéressants que vous nous avez rapportés : que si la loi de 1898 ne s'applique pas, comme l'a dit l'arrêt de 1912 de la Cour de cassation, sur ce point incontestable, il peut faire appel à l'article 1382 du Code civil du droit commun.

Mais vous allez plus loin. Vous dites : « Il est sûr que, dans l'état de la jurisprudence antérieure à la loi de 1898, il lui suffira de faire appel au droit commun et à l'article 1382, pour avoir immédiatement satisfaction. » J'en suis moins convaincu que vous, voici pourquoi.

Quand j'ouvre la loi de 1892, article 2, c'est-à-dire la disposition en vertu de laquelle la Cour de cassation a déclaré que le contrat de louage était frappé d'une nullité d'ordre public, je lis ceci :

« Les enfants ne pourront être employés par les patrons, ni être admis dans les établissements énumérés à l'article 1er avant l'âge de treize ans révolus. »

Plus loin, je lis dans un second paragraphe :

« Toutefois, les enfants munis du certificat d'études primaires, institué par la loi du 28 mars 1882, peuvent être employés à partir de l'âge de douze ans. »

Si bien que nous ne sommes plus du tout dans la situation où se sont trouvés les juges qui ont rendu les deux arrêts que vous invoquez.

Lorsqu'on se trouve en présence d'un accident survenu à un enfant qui était employé au delà du temps légal, lorsqu'on se trouve en présence d'un adulte victime d'un accident qui lui est survenu quand, au lieu d'avoir travaillé 12 heures, il en avait travaillé 24 ou 36, il est incontestable que c'est la violation même de la loi qui est la cause de l'accident; mais, lorque vous êtes en présence d'un enfant à qui est survenu un accident parce qu'il était employé avant l'âge de treize ans et parce qu'il n'avait pas le certificat d'études primaires, il me semble que tout le raisonnement des arrêts que vous avez invoqués disparaît.

Ce n'est pas parce qu'on se trouve en présence d'une violation de loi sociale, parce qu'on a employé un enfant à un âge où il ne devait pas l'être, ou pendant un temps qui ne pouvait pas être admis, que l'accident est survenu ; c'est pour une circonstance tout à fait indépendante du travail, parce que cet enfant n'avait pas le certificat d'études primaires ou parce qu'on n'a pas demandé l'exemption qui aurait pu être accordée. De sorte que je ne suis pas du tout certain que, dans ces circonstances, les juges auraient été aussi nets et aussi affirmatifs qu'ils l'ont été dans les deux arrêts que vous avez rapportés.

C'est une première observation. Il y en a une deuxième, et celle-là, vous l'avez bien comprise. Elle dérive d'ailleurs de votre première indication.

Vous dites : « Je me trouve en présence d'un mineur de treize ans. Il me paraît — toute la doctrine est d'accord sur ce point et je crois, moi aussi, qu'elle a pleinement raison — que la Cour de cassation se trompe lorsqu'elle prétend, sous prétexte qu'il n'y a pas de contrat, écarter le mineur de treize ans de l'application de la loi de 1898. »

Je crois que ce n'est pas exact, mais enfin elle le dit. Alors vous dites : « Je me trouve en présence de cette situation de fait que l'erreur de la Cour profite aux mineurs de treize ans et que l'application douteuse, suivant moi, mais admettons qu'elle soit certaine, de la loi, de l'article 1382 du droit commun, va lui donner une indemnité supérieure à celle que lui aurait donnée la loi de 1898.

« Je ne veux pas prendre sur moi la responsabilité d'enlever aux mineurs de treize ans l'indemnité supérieure qu'ils ont en vertu de l'erreur de la Cour de cassation. Il faut que je cherche un texte qui leur donnera à peu près ce que leur aurait donné l'erreur de la Cour de cassation. » Et, alors, vous introduisez un amendement qui, à mon avis, bouleverse complètement l'économie de la loi de 1898. Vous dites : en introduisant cet enfant de treize ans dans les ateliers sans qu'il ait le certificat d'études primaires — car c'est là toute la question — le patron a commis une faute inexcusable. Donc je vais lui appliquer l'article 20.

Je veux bien, mais appliquez alors l'article 20 au patron dans tous les cas où il aura violé les lois du travail. Vous posez là un principe que sentimentalement je comprends très bien, en présence du mineur de treize ans, mais qui juridiquement ne me paraît pas du tout cadrer avec la loi de 1898.

Je crois que si on veut — comme à mon avis il le faut, je suis pleinement d'accord avec vous sur ce point, — appliquer la loi de 1898 au mineur de treize ans, il faut le dire de la façon la plus simple, la plus aisée, je dirai la plus facile, en modifiant l'article 1er et en faisant disparaître cette condition à laquelle certainement le législateur n'a pas pensé, qu'il y ait un contrat de travail valable entre le mineur et le patron. Mais, partis de ce point de départ, il faut — ce qui est, à mon avis, nécessaire — faire rentrer le mineur de treize ans dans la loi pe 1898. Nous allons sur un point, mais sur un point intéressant, changer complètement l'économie de la loi de 1898.

A mon avis, juridiquement — je me place à ce point de vue, je l'ai dit au début, cela ne me paraît pas cadrer avec l'économie de la loi de 1898. Je vous demande pardon de ces observations qui me sont venues en vous écoutant.

M. Barrault. — Notre Président m'a véritablement coupé l'herbe sous le pied (*Sourires*), mais personne ne peut en être plus heureux que moi, parce que je suis très heureux d'avoir entendu dire, avec une autorité qui ne m'appartient pas, précisément les choses que j'avais envie de défendre.

Il me reste cependant un tout petit peu d'herbe et je prendrai quand même la parole.

Je crois pour ma part que la solution de la Cour de cassation est doublement dangereuse. Je me placerai également sur le terrain juridique pour défendre les idées qui viennent d'être défendues par notre Président. Je crois que la solution de la Cour de cassation est doublement dangereuse, d'abord parce que si on veut arriver à une solution équitable — (la solution équitable que M. Capitant a vue dans la jurisprudence antérieure à la loi de 1898) — on sera, comme le disait à l'instant même Me Millerand, conduit à une extension arbitraire de l'article 1382. Pour ma part, je suis persuadé que, devant certaines espèces, la Cour de cassation, si elle n'a pas réfléchi jusqu'à présent, et il est très possible qu'elle ait réfléchi, reculera.

En un mot, je ne crois pas qu'on puisse interpréter l'article 1382 comme couvrant indistinctement toutes les fautes qui pourraient donner lieu à une indemnité pour un apprenti engagé en violation de la loi de 1898.

Je crois que, si on pouvait trouver une formule générale qui expliquât la pensée de Me Millerand, on devrait dire que l'article 1382 couvre toutes les fautes qui résulteraient d'une infraction ayant créé un risque spécial.

En effet, il y a des infractions qui ne créent pas de risques spéciaux. Il suffit de considérer un accident qui sera accident du travail, et qui cependant entraînerait soit à la mort, soit à des incapacités de travail prolongées, en même temps les ouvriers d'une usine et les habitants des environs. Dans ces conditions-là, on ne pourrait pas dire que le risque est absolument spécial puisque soit dans l'usine, soit à côté de l'usine, l'enfant aurait eu le même risque. Il suffit de considérer des cas comme celui d'insolation qui sont couverts par la loi des accidents du travail et qui cependant ne sont pas créés par la présence dans l'usine : il était aussi bien possible que l'enfant fût atteint d'insolation en dehors de l'usine que dans l'usine. La pratique révélerait certainement des cas nombreux dans lesquels on n'arriverait pas à une extension de l'article 1382.

On a cité tout à l'heure, d'ailleurs, le cas très particulier des enfants qui se trouvent avoir le même âge et qui sont dans les mêmes conditions, et où cependant la situation n'est pas la même que lorsqu'il s'agit d'infractions qui créeraient un risque spécial, par exemple d'infraction à l'interdiction de travailler avec des machines et instruments coupants.

Je ne crois donc pas que l'article 1382 crée une sécurité... Pour qu'il crée cette sécurité, il faudrait que les tribunaux lui donnent une extension qu'il ne comporte pas dans la vérité juridique. Je sais bien qu'il y a là-dessus, à la Faculté de droit même, de très grosses controverses. La loi de 1898 a une base différente de l'article 1382 — la base du risque professionnel — tandis que l'article 1382 a comme base la faute et la faute ayant une relation avec l'accident, ayant entraîné l'accident.

S'il est certain que l'apprenti doit être couvert par le fondement risque professionnel, il est non moins certain qu'il faut forcer la base du fondement de la faute si l'on veut couvrir le risque professionnel qui doit s'appliquer à ces cas, à l'aide d'une idéequi lui est en réalité étrangère.

Maintenant, si l'on se trouve en face de cette nécessité, qui ne sera peut-être pas tranchée par lajurisprudence, en se servant de l'article 1382, la solution de la Cour de cassation a un autre inconvénient — et ici j'entre dans un terrain tout à fait pratique en ce qui concerne notre texte.

Je crois que la jurisprudence de la Cour de cassation aboutit à une restriction arbitraire de la loi de 1898. En effet, la loi de 1898 a comme base, je le disais à l'instant, le risque professionnel. Elle est destinée à couvrir tous les accidents du travail. Je ne voudrais pas ici me livrer à une théorie juridique très approfondie, mais notre rapporteur a indiqué lui-même qu'il y a une série de contrats qui sont atteints de nullité juridique, c'est-à-dire auxquels le législateur refuse de laisser produire des effets. Mais comme à côté de ces contrats il y a une situation de fait qui, elle, a produit des effets et qui doit en produire, le législateur est quand même obligé de tenir compte de ces effets, de cette situation de fait, pour la réglementer. En particulier on peut très bien admettre que l'application de la loi de 1898, si comme beaucoup le croient, comme je le crois moi-même, elle n'a pas son fondement dans un contrat de travail valable, mais seulement dans un contrat de travail qui peut être vicié, si la loi de 1898, dis-je, a pour fondement le fait du travail dans l'industrie, quelle que soit l'infraction commise par le patron, s'il est vrai, d'une façon plus générale que les seuls effets d'un acte contraire à l'ordre public qui doivent être annulés, sont des effets contraires en eux-mêmes à l'ordre public, il faut faire très attention au texte que nous allons voter, parce que, si ce texte doit avoir une efficacité quelconque, il ne faudrait pas qu'on puisse lui donner ce sens que nous créons en faveur des apprentis âgés de moins de treize ans une exception, que l'on doive entendre notre texte restrictivement.

Je voudrais, au contraire, que nous ayons un texte qui permette de dire que la loi de 1898 s'applique à tous les accidents du travail, quels que soient les vices qui puissent atteindre le contrat de travail.

Notre attention a été attirée plus particulièrement sur le vice qui résulterait d'une infraction à la loi de 1892. Mais je crois que nous n'aboutirions pas à une œuvre suffisamment large si notre réforme ne devait pas servir à dire que la jurisprudence doit appliquer la loi de 1898 à tous les accidents du travail, à tous les accidents qui résultent d'un risque professionnel, car sans cela la question pourrait se poser chaque fois, notre texte pourrait servir à limiter à ce cas particulièrement l'application de la loi de 1898 et ce ne serait pas une solution satisfaisante.

M. Razous. — Lorsque le législateur de 1898 a décidé que la victime d'accidents entraînant l'incapacité temporaire toucherait la moitié du prix de son salaire journalier, il est parti de statistiques nombreuses et desquelles il résultait que, sur les accidents survenus dans l'industrie par le fait du travail ou à l'occasion du travail, il y avait une moyenne de 50 % résultant de cas fortuits, de force majeure ou de faute du patron, et 50 % qui pouvaient être attribués à une sorte de faute de l'ouvrier.

Par conséquent, si le patron commet une nouvelle faute en employant contrairement aux dispositions de la loi de 1892 un enfant de moins de treize ans, il doit y avoir accroissement de sa responsabilité. Il est, par conséquent, assez naturel qu'il soit mis à sa charge une part de réparation plus élevée que celle résultant des principes posés par l'article 2 de la loi de 1898.

L'enfant de moins de 13 ans a moins de force, moins d'aptitude au travail que l'enfant âgé de plus de 13 ans ; il y a, par conséquent, un risque d'accidents plus grand. On peut admettre qu'il y a faute supplémentaire de la part du patron.

Je vais plus loin : cette faute supplémentaire existe dans beaucoup d'autres cas, car il existe non seulement cette interdiction d'employer des enfants de moins de 13 ans, mais il y a un décret en date du 13 mai 1893 qui défend, par exemple, d'employer les jeunes ouvriers de moins de 18 ans à la conduite et au service des machines à vapeur, au travail des chaudières. Il y a d'autres dispositions qui défendent l'utilisation des jeunes ouvriers aux machines tranchantes. Enfin il y a une autre disposition qui concerne les enfants de moins de 16 ans et qui interdit de les occuper sur des échafaudages volants.

Voilà pourquoi, tout en considérant qu'il serait peut-être utile d'appliquer la loi de 1898 aux enfants de moins de 13 ans afin que le règlement du sinistre soit fait le plus rapidement possible et qu'ils aient droit à une indemnité, je suis d'avis personnelement que l'on peut considérer comme faute inexcusable non seulement le fait d'employer les enfants de moins de 13 ans s'ils ne sont pas pourvus du certificat d'études ou de moins de 12 ans s'ils en sont pourvus, mais encore le fait de les employer contrairement aux dispositions d'ordre réglementaire relatives à la sécurité.

Voilà pourquoi, tout en partageant l'opinion qui a été émise par le rapporteur, je me demande s'il ne serait pas utile par exemple de dire que la majoration d'indemnité s'applique également dans le cas où il y a désobéissance aux règlements d'ordre administratif relatifs à la sécurité des ouvriers de moins de 18 ans, car le fait même d'employer au service des machines motrices un enfant de moins de 18 ans, un jeune ouvrier qui ne peut pas avoir l'expérience de ces machines, augmente la responsabilité du patron et constitue la faute inexcusable prévue par la loi.

Toutefois, je crois utile de signaler une difficulté d'application.

Notre éminent rapporteur a voulu surtout que les enfants de moins de 13 ans aient une indemnité, car l'article 1382 du Code civil, lorsqu'il joue, peut accorder une indemnité très forte, c'est entendu, mais peut aussi, au cas où la faute n'est pas démontrée, condamne à une indemnité nulle. Or, la plupart des patrons sont garantis par des compagnies d'assurance. Les polices de ces compagnies ou celles des syndicats de garantie contiennent habituellement la clause suivante :

« La compagnie peut invoquer une déchéance à l'égard des assurés lorsque les ouvriers sont employés contrairement aux dispositions des règlements administratifs. »

En outre, du fait de la faute inexcusable résultera, il ne faut pas se le dissimuler, une aggravation de charges pour les patrons. Voici pourquoi.

Chaque fois que la faute inexcusable sera établie, la compagnie en aura connaissance et, au lieu de régler le sinistre automatiquement, elle invoquera une déchéance à l'égard du patron en lui disant : « Vous avez été la cause de l'accident. Comme, dans la police que nous avons signée tous les deux, nous avons excepté ces accidents de la garantie, l'accident reste à votre charge. »

Telles sont les seules remarques que j'ai tenu à présenter.

M. Alfassa. — Messieurs, lorsque j'ai demandé au Comité de mettre en discussion à l'Association cette question, mon objectif principal était, évidemment, de faire rentrer les enfants n'ayant pas atteint l'âge légal, sous l'égide des dispositions protectrices de la loi de 1898. J'étais de ceux qui ne considéraient pas du tout le recours au droit commun comme constituant une garantie ou une satisfaction suffisante. C'est dire que je ne tiens pas essentiellement à défendre la thèse de ceux qui cherchent à prouver que l'article 1382 serait *de plano* applicable aux enfants.

Je voudrais — mais, bien entendu, sur le terrain juridique, je n'entends pas m'avancer bien loin — je voudrais, plutôt sous forme de question posée en particulier, à notre président, lui demander son avis. Il a semblé interpréter les deux arrêts de Cassation que M. Capitant nous indiquait dans son rapport, comme procédant de conceptions tout à fait différentes de celle que le rapporteur avait cru y voir. Il nous a dit que les violations de la loi qui avaient dicté à la Cour de cassation ses arrêts étaient une violation de la loi très sensiblement différente de celle que constituait l'emploi des enfants en sous-âge. Il nous a dit qu'il ne lui paraissait pas, par conséquent, que la Cour de cassation, toute disposée qu'elle fût à continuer sa jurisprudence de 1895, pourrait l'appliquer dans un cas comme celui-ci.

Encore une fois, je l'ai dit, je ne veux pas beaucoup m'avancer sur le terrain juridique, mais il m'a semblé que l'interprétation qu'il convenait de donner à ces arrêts était celle-ci : si ces ouvriers n'avaient pas été à l'usine au moment où s'est produit le fait qui a causé l'accident, ils n'auraient pas été blessés, et, de par la loi, ils n'auraient pas dû y être. De même, disons-nous, si on avait appliqué la loi, si l'enfant n'ayant pas atteint l'âge légal n'avait pas été employé à l'usine ou à l'atelier à ce moment-là, il n'aurait pas été blessé ; de sorte que, si la loi concernant l'âge légal du travail avait été observée, l'enfant n'aurait pas été victime de l'accident. Et, incidemment, j'ajouterai qu'il m'a semblé, Monsieur le Président, que vous avez peut-être attaché une importance exagérée au second paragraphe de l'article 2 de la loi de 1892, celui qui permet l'emploi des enfants de douze ans munis du certificat d'études.

Les enfants au-dessous de l'âge légal ne sont pas forcément compris entre douze et treize ans, et je crois bien que, dans les quelques espèces qui ont donné lieu aux arrêts dont il est question, le cas s'est présenté. Il ne s'agissait pas uniquement d'enfants compris entre douze et treize ans qui avaient ou n'avaient pas le certificat d'études. Le cas peut se produire pour des enfants de onze ans. Je crois me rappeler qu'un arrêt visait le cas d'un enfant de dix ans et demi.

Quand il s'agit d'enfants aussi jeunes, il est hors de doute qu'ils se trouvent, par le fait de leur âge, plus facilement exposés à des accidents du travail qu'un enfant qui a atteint l'âge qu'à tort ou à raison, le législateur a considéré comme suffisant pour affronter le travail dans l'usine.

Il ne me semble donc pas que les objections que vous avez présentées soient absolument concluantes au point de vue de l'inapplicabilité *de plano* de l'article 1382 aux accidents survenus aux enfants.

Remarquez, Monsieur le Président, que si votre thèse vous paraît, après réflexion, tout aussi concluante, je n'aurai personnellement pas lieu de le regretter, puisque je suis de ceux qui souhaitent ardemment de voir rendre applicable d'une manière explicite la loi de 1898 aux enfants. J'estime qu'il y a pour cela des considérations d'ordre général en même temps que d'ordre particulier ; j'estime que, lorsque la loi de 1898 se trouve étendue à de nouvelles catégories de travailleurs ; lorsqu'on songe à la rendre applicable aux travailleurs agricoles, il y a quelque chose de choquant à ce qu'une certaine catégorie de travailleurs, la plus intéressante entre toutes, soit soustraite à la protection d'une loi qui, au moment où le législateur l'a votée, a été considérée par tous comme constituant pour l'ensemble des ouvriers un grand progrès par rapport au droit commun.

Mais il n'en reste pas moins que l'idée qui a surtout guidé M. Capitant — et aussi M. Jay, je crois pouvoir le dire sans le désobliger — c'est qu'ils souhaitaient ne pas priver l'enfant de la conséquence heureuse, que vous appeliez l'erreur, que l'arrêt de la Cour de cassation crée à son bénéfice.

M. Jay, dans une des nombreuses conversations que j'ai eues avec lui à cet égard, il y a déjà deux ou trois ans, m'a dit à peu près ceci : « L'application de la loi de « 1898 m'intéresse beaucoup, mais l'application de la loi « de 1892 m'intéresse au moins autant ». Or, la solution qui consisterait à ajouter à l'article 1er de la loi de 1898 purement et simplement une rédaction dans le genre de celle-ci : « même s'il s'agit d'enfants employés en violation de la loi de 1892 », par exemple, ou « même d'enfants employés avant l'âge légal », cette solution, dis-je, est, à ce point de vue, très insuffisante.

D'autre part, il était apparu, aux yeux de plusieurs, qu'il y avait peut-être un inconvénient au point de vue du principe de la législation du travail, de prévoir explicitement dans une loi que l'on pourrait employer des travailleurs dans des conditions qu'une autre loi interdit. C'est pourquoi il nous avait semblé que l'on ne pourrait mentionner utilement dans ces conditions la possibilité éventuelle de l'emploi des enfants en violation de la loi de 1892 qu'en en faisant une constatation de fait que nous ne pouvons pas méconnaître, puisqu'elle se produit et qu'en y apportant une sanction prévue, en principe, dans la loi même de 1898.

La loi de 1898 n'est pas une loi d'ordre pénal, c'est une loi de réparation civile forfaitaire. Mais cette loi a prévu la faute inexcusable qui aggrave la réparation. Il ne nous semblait pas qu'il fût antijuridique ou de nature à modifier l'esprit de la loi de 1898, de viser à l'article 1er, comme constituant la faute inexcusable, l'emploi des enfants en sous-âge. J'aurais dit volontiers, d'une façon générale, l'emploi des travailleurs en violation du Code du travail ; mais je n'ai pas proposé les textes auxquels j'avais songé dans ce sens, parce que, entre autres raisons, j'ai craint de donner trop d'ampleur à la question et de diminuer nos chances d'aboutir rapidement au Parlement. Il nous semblait que nous étions dans l'esprit de la loi de 1898 en appliquant nominalement à une catégorie de travailleurs qui ne devrait pas être employée la circonstance aggravante prévue par la loi elle-même.

M. Raoul Jay. — M. Alfassa a fait à notre Président la réponse que je voulais lui faire.

A la jurisprudence dont il vous a cité des exemples, M. Capitant emprunte uniquement cette affirmation que, lorsque la présence d'un travailleur dans l'atelier est la suite d'une faute incontestable, il y a entre l'accident et la faute un lien de cause à effet qui rend toute preuve superflue.

Or, si nous examinons le cas spécial qu'a visé notre Président, le cas d'un enfant qui n'a pas le certificat d'études, nous constatons qu'au point de vue juridique, au point de vue de l'argumentation de M. Capitant, la situation reste la même que dans les autres cas, puisque, si la loi avait été respectée, l'enfant n'aurait pu être là, et, par conséquent, n'aurait pas pu être blessé.

Allons-nous, si nous appliquons la règle en faveur des enfants, être nécessairement amenés à l'appliquer toutes les fois qu'il y a violation des lois du travail?

Il pourrait sans doute être, au point de vue social, intéressant de formuler une règle générale de ce genre. Nous ne vous proposerons pas de la formuler en ce moment, et cela pour la raison qu'a indiquée M. Alfassa. Nous sommes en face d'un problème spécial et que nous voudrions voir très rapidement solutionné.

On peut faire valoir une autre considération. Souvent, on a, dans les débats qui ont précédé le vote de la loi de 1898, agité la question de savoir si toute violation de la loi ou d'un règlement devait être considérée comme constituant la faute lourde, la faute inexcusable.

La solution générale a soulevé des objections. On a dit : Il y aurait des distinctions à faire. Il y a des prescriptions légales ou réglementaires qui ne sont que des prescriptions de pure forme. Il est difficile de poser une règle rigide, identique pour des hypothèses qui peuvent être fort diverses.

Ici, nous sommes en présence d'une hypothèse très nette. C'est un enfant qui est à l'atelier et ne devrait pas y être. La protection de l'enfance a précédé les autres ; elle conserve — je crois pouvoir le dire sans exagérer — une place à part dans la législation du travail ; elle est reconnue par tous comme particulièrement intéressante. Très nette, l'hypothèse est aussi spécialement favorable.

Je crois très fort, d'ailleurs, à la nécessité d'un régime spécial. L'application pure et simple de la loi de 1898 constituerait, dans une certaine mesure, une véritable assurance pour le patron en faute, en limitant étroitement les conséquences que cette faute pourrait avoir pour lui.

La jurisprudence peut être critiquable, mais enfin elle laisse en suspens sur la tête du patron, que je considère comme ayant commis une faute grave, une menace grave aussi. L'application pure et simple de la loi de 1898 supprimerait cette menace qui l'eût peut-être empêché d'employer des enfants en sous-âge.

Un mot encore au sujet d'un autre point qu'a touché M. Razous.

La législation, le décret de 1893 auquel il a fait allusion, notamment, distingue deux hypothèses : celle dans laquelle le travail est absolument interdit à l'enfant et celle dans laquelle le travail n'est permis à l'enfant que sous certaines conditions.

Peut-être, tout en faisant une législation spéciale, serait-il plus logique d'appliquer tout de suite, aux cas où le travail est interdit, la règle qui nous est proposée. Ici encore, si la loi ou le règlement avait été respecté, l'enfant n'eût certainement pas été blessé, puisqu'il n'eût pas travaillé.

En ce qui concerne l'autre hypothèse, l'assimilation est peut être plus délicate.

M. Razous. — Je suis de votre avis.

Mme de Maguerie. — Ce que je veux dire a trait à la spécialisation — si je puis ainsi dire — que l'on veut appliquer aux enfants en sous-âge.

Je sais bien que vous allez me dire que ce sera très difficile, que beaucoup ne l'accepteront pas, mais ma pensée est qu'il faudrait dire que la violation — le mot peut sembler désagréable, mais il est juste — que la violation de la loi ne pourra jamais être invoquée par le patron comme une excuse vis-à-vis d'une faute. Ce serait une raison de plus, non pas pour excuser le patron, mais pour aggraver sa faute.

M. Barrault. — Voulez-vous me permettre encore un mot ?

Je crois que, par suite des deux fondements : la faute et le risque professionnel, on arrive à quelque chose d'un peu confus.

Notre Président faisait ressortir, tout à l'heure, très justement, me semble-t-il, une idée fort importante, à savoir que, même dans la violation de la loi de 1892, il y avait, si on se plaçait sur le terrain de la faute, des degrés très nombreux et qu'il pourrait sembler bizarre de voir une faute inexcusable dans des manquements qui peuvent être extrêmement différents. Il peut, en effet, y avoir l'emploi de l'enfant qui atteint presque l'âge légal et la faute beaucoup plus grave d'employer un enfant particulièrement chétif, particulièrement débile, particulièrement jeune. Lorsque vous vous trouvez en présence d'un enfant de 12 ans 1/2, bien portant, très fort, qui n'a pas le certificat d'aptitudes physiques, mais qui l'aurait certainement obtenu si on l'avait demandé, il s'agit là simplement d'une infraction administrative qui ne touche pas au fond des choses. Supposez, au contraire, le cas où l'on aura employé — ces cas-là sont assez rares, je l'espère, mais enfin il faut les envisager — supposez le cas où l'on aura employé un enfant très faible, à un âge particulièrement jeune, 10 ans, par exemple. Là, me semble-t-il, la raison répugne un peu à voir un manquement léger. Je ne crois donc pas que, dans un cas, comme dans l'autre, on doive penser qu'il y a une faute inexcusable.

La loi de 1898 a justement pour fondement le risque professionnel. Si l'on veut voir des fautes inexcusables, il faut que, réellement, effectivement, les fautes ixexcusables que l'on introduit dans la loi de 1898 soient, au point de vue du sentiment que l'on éprouve devant ces fautes, véritablement inexcusables. Je crois, par conséquent, que la faute inexcusable appliquée à tous les cas d'infraction de la loi de 1892 est quelque chose qui ne peut pas donner satisfaction.

Nous avons, il me semble, un double objectif à remplir, mais il conviendrait peut-être de scinder. Il y a la loi de 1892 qui, à l'heure actuelle, n'est peut-être pas suffisamment respectée parce que les pénalités qui y sont attachées ne sont pas suffisantes. Cela, c'est un terrain déterminé, spécial, c'est le terrain de la loi de 1892 et des sanctions qui s'y rattachent. Puis, il y a la question de savoir si les enfants, aussi bien les enfants qui ont atteint l'âge légal que ceux qui n'ont pas atteint l'âge prévu dans la loi de 1898, reçoivent une indemnisation suffisante. C'est encore un autre problème bien net.

Enfin, nous sommes en face d'un troisième problème, celui de savoir si la loi de 1898 s'applique malgré les infractions aux lois.

Je crois que, si nous abordons successivement ces trois terrains pour essayer de les assimiler dans un seul vœu, dans une seule solution, nous risquons de heurter beaucoup trop les principes juridiques et de mettre en jeu des questions beaucoup trop grosses pour pouvoir aboutir.

Mme DE MAGUERIE. — M. Barrault s'est placé uniquement au point de vue des enfants ; je suis allé plus loin. Je trouve qu'il serait nécessaire et juste que le premier article de notre Code du travail comporte que : toute violation d'une loi ne puisse pas servir d'excuse aux patrons. Je n'ai pas visé uniquement les enfants parce qu'il me semble que c'est un principe qui devrait s'appliquer aussi bien aux enfants qu'aux ouvriers adultes.

M. BARRAULT. — En prenant la parole tout à l'heure, je ne répondais pas spécialement à votre intervention.

M. LE PRÉSIDENT. — Si vous voulez bien me le permettre, je vais répondre à M. Jay et à M. Alfassa.

Je m'excuserai tout d'abord de la forme tout à fait imparfaite que j'ai donnée aux impressions que j'avais ressenties en écoutant notre rapporteur, mais voici, exactement, je crois, à quoi visent les observations que je me suis permis de présenter.

D'abord, notre rapporteur avait abouti, si je ne me trompe, à cette solution très ferme : si la jurisprudence de la Cour de cassation est maintenue telle quelle, l'article 1382, le droit commun, s'appliquera toujours *ipso facto*, automatiquement, aux accidents de mineurs.

Je n'en suis pas si sûr que lui, même après la lecture que je viens de faire des deux arrêts qu'il a cités, et voici pourquoi.

Il est vrai que, dans les passages qu'il cite, la Cour de cassation raisonne ainsi. C'est en raison d'une violation de la loi que la victime se trouvait dans l'usine au moment où a eu lieu l'accident : donc relation de cause à effet.

Oui, mais je ne suis pas sûr que le raisonnement aurait été le même si les accidents avaient été différents.

Dans les deux cas, quels sont les accidents ? Ce sont des accidents survenus à un enfant et à un adulte qui, dans l'un et l'autre cas, par suite même de l'infraction, se trouvent particulièrement exposés à l'accident. Le premier cas est celui d'un mineur qui est resté à l'usine après la journée de travail, qui est donc fatigué. Le second cas est celui d'un adulte qui a travaillé 24 ou 36 heures, qui est donc dans une situation physique défavorable, comme les circonstances le prouvent, dans une situation où il est plus que dans toute autre circonstance susceptible d'être victime de l'accident.

Mon observation ne va pas plus loin, mais elle va jusqu'à ceci : je ne suis pas sûr que l'arrêt eût été ou serait le même dans le cas, où entre la violation de la loi et l'accident, il n'y aurait pas cette relation de cause à effet qu'il y a, malgré tout, dans les deux espèces que vous avez citées. Je ne suis pas sûr que toujours la Cour ou les Cours raisonneraient ainsi : il y a violation de la loi, par conséquent, il y a relation de cause à effet entre la violation de la loi et l'accident.

Si je n'en suis pas sûr, c'est une raison de plus pour que je demande simplement l'application de la loi de 1898.

Mais dans quelles conditions? — et je reprends ici une observation de M. Barrault que je trouve tout à fait juste.

Qu'est-ce que dit la Cour de cassation dans les arrêts que vous avez indiqués? Elle dit ceci : lorsque la convention de travail est nulle pour une raison quelconque, il n'y a pas lieu d'appliquer la loi de 1898. C'est à cette théorie-là qu'il faut répondre et que nous pouvons répondre directement; comment? En mettant dans l'article premier, à une place à déterminer — ce qui n'est pas difficile — ces mots : quels que soient les vices dont soit affecté le contrat de travail.

La rédaction vous dit : « Quand le contrat de travail sera affecté de tel vice, la loi de 1898 ne subsiste plus. » Je réponds qu'il est préférable de dire : « quels que soient les vices, la loi de 1898 s'applique. » Voilà un premier point.

Puis, il y a un second point qui n'a aucun rapport avec le premier, comme on l'a fait remarquer tout à l'heure. Au moment où vous étudiez la question, vous remarquez que l'indemnité qui va être donnée aux mineurs de 13 ans sera une indemnité très inférieure à celle qu'aurait pu lui donner l'application du droit commun, et vous dites: « Révisons sur ce point la loi de 1898. »

J'avoue que cela me choque un peu, peut-être par un excès de logique et en voyant d'ensemble la loi de 1898.

Tout à l'heure j'ai eu quelque peu tort. J'ai dit : « Je ne veux pas que la loi de 1898 constitue pour le patron un paratonnerre ». Mais elle ne fait que cela, la loi de 1898. Un des arguments familiers aux syndicats qui attaquaient avant la loi de 1898 les projets qui y ont abouti, c'était de dire : « Mais du jour où le patron sera mis à couvert par une prime d'assurance contre tous les accidents qui pourront lui survenir, il n'aura plus aucun intérêt à améliorer les conditions de travail, à améliorer son outillage ; il se contentera de faire figurer parmi ses frais généraux la prime d'assurance, et ce sera tout. »

C'est un peu le même raisonnement qui vient à l'esprit aujourd'hui. La loi de 1898 a des avantages incomparables sur lesquels personne aujourd'hui — à commencer par les ouvriers — ne songe plus à revenir, c'est entendu ; elle a tout de même un inconvénient si l'on peut appeler cela un inconvénient : c'est que le patron est à l'abri, moyennant une certaine somme, des conséquences de ses fautes.

« Mais, dites-vous, il y a des cas où ces fautes sont particulièrement sensibles. » Je comprends alors l'opinion de Mme de Maguerie. Dites, dans l'article 1er, que lorsque l'accident sera dû à une violation des lois du travail, ce sera une faute inexcusable et que l'indemnité sera augmentée. Cela peut être discutable, mais je le comprends, c'est une théorie qui se tient. Dites-le seulement pour les enfants, je le comprends, c'est encore une théorie qui se tient. Mais le dire pour les mineurs de 13 ans et ne pas le dire pour ceux de 16, je ne le comprends pas. Vous voulez maintenir pour une catégorie — heureusement petite — mais maintenir tout de même pour une catégorie des victimes de demain la même indemnité que celle qu'ils auraient eue avec le droit commun, je dis que cela n'est pas logique et que cela ne cadre pas très bien avec le système de la loi de 1898. Si l'on veut aller, me semble-t-il, jusqu'au bout de votre sentiment, il paraît qu'il y a deux choses à faire : 1° déclarer que quels que soient les vices dont est affectée la convention de travail, la loi de 1898 s'applique toujours ; 2° que la violation des lois du travail, soit d'une façon générale, soit en ce qui concerne les mineurs, crée la faute inexcusable.

M. Capitant. — Le raisonnement de la Cour de cassation est le suivant : l'ouvrier n'aurait pas dû être là, donc il n'aurait pas pu être blessé. Ce raisonnement s'applique exactement à notre enfant. Si l'industriel avait respecté la loi, il n'aurait pas embauché l'enfant, et, par conséquent, l'accident n'aurait pas pu se produire. Ce qu'il y a de particulièrement remarquable dans ces deux arrêts, c'est que la Chambre civile était en face de décisions de Cours d'appel qui disaient : « L'infraction commise n'est pas la véritable cause de l'accident ; c'est l'imprudence certaine, indéniable de la victime qui, elle, a provoqué l'accident ; c'est, dans le premier cas, le fait de l'enfant qui est venu dans l'atelier où il n'avait rien à faire, qui a sauté sur le dos de son camarade et qui n'a pas obéi lorsqu'on lui a ordonné de rejoindre la salle où il devait se trouver. C'est, dans le second cas, le fait de la victime d'être entrée dans le local interdit. » Je n'insiste pas sur ce point, puisque c'est une discussion rétrospective et que nous sommes tous d'avis qu'il y a lieu d'appliquer la loi de 1898.

Que notre système soit par certains côtés illogique, je le reconnais, et c'est pour cela que j'ai si longtemps hésité à l'adopter. (*Sourires*). Ce qui serait logique, ce serait de modifier la loi de 1898 pour tous les mineurs. Néanmoins, notre système peut aisément se défendre. D'abord, il est exactement adapté au résultat que nous voulons obtenir. Puis, nous le justifions, me semble-t-il, en soutenant qu'il faut punir la faute lourde qui consiste à employer un enfant de moins de 13 ans.

Vous me dites : « Il serait plus logique de déclarer que toute violation d'une loi du travail est une faute inexcusable ». C'était la proposition que faisait M. Razous, je crois ; je la trouve infiniment dangereuse ; il ne faut pas faire un texte sans savoir ce qu'il y a dessous... La moindre violation d'ordre administratif ne peut pas être considérée comme une faute inexcusable.

M. Razous. — Ce n'est pas ce que j'ai dit. Je n'envisageais que les règlements relatifs à la sécurité, tels que le décret du 13 mai 1893 défendant nettement elle ou telle chose, mais je n'avais nullement l'intention de supposer que la faute inexcusable puisse être invoquée dans le cas, par exemple, où un patron occupe son personnel 12 h. 1/2 au lieu de l'occuper 12 heures. Ce serait la porte ouverte à toutes les chicanes, et un patron ne serait jamais garanti auprès de la compagnie d'assurance qui aurait indiqué comme clause qu'elle n'assurait pas les sinistres lorsqu'il y a désobéissance aux règlements administratifs. J'estime que, si on faisait cette restriction et qu'on puisse invoquer la faute toutes les fois qu'il y a violation des dispositions relatives à la sécurité, on arriverait à donner à la victime une indemnité plus forte, c'est certain, mais il y a quelque chose de plus utile : c'est de prévenir le nombre des accidents du travail.

M. Capitant. — Il faut appliquer la loi de 1898, c'est un point sur lequel nous sommes d'accord. M. le Président propose de ne pas aller plus loin...

M. le Président. — J'indique simplement mon sentiment, je ne propose pas.

M. Capitant. — Vous êtes d'avis, Monsieur le Président, qu'il suffirait d'appliquer la loi de 1898. Je ne suis pas partisan de ce moyen terme, et je préférerais l'application du droit commun, qui, lui au moins, assure à l'enfant une indemnité complète. C'est pourquoi je crois que nous ne devons pas nous contenter de cette demi-réforme et que nous devons aller plus loin et dire que le fait d'employer un enfant de moins de treize ans constitue une faute inexcusable.

M. ALFASSA. — Plus encore que tout à l'heure, j'aborde des questions qui me sont peu familières et je n'entends le faire qu'avec précaution.

La solution que vous proposiez, Monsieur le Président, serait l'introduction dans l'article 1er de la loi de 1898 d'une formule dans le genre de celle-ci : « quels que soient les vices du contrat de travail. »

N'est-ce pas là une formule qui peut comporter, malgré tout, des risques, étant donnée la jurisprudence très affirmée de la Cour de cassation, qu'elle maintient depuis trois ou quatre ans, malgré que de nombreuses Cours d'appel aient tenté de la faire revenir sur son point de vue ? Ne risquons-nous pas de voir s'établir à nouveau une controverse sur le cas de savoir si, par les vices du contrat de travail, on doit forcément entendre même la nullité absolue, que, dans le cas particulier, la Cour de cassation entend tirer de la violation d'une disposition d'ordre public ? D'autre part, n'est-il pas un peu risqué d'aller jusqu'à dire explicitement dans une loi qu'aucune violation de dispositions d'ordre public ne pourra être opposée à l'application de la loi de 1898 ?

M. JAY. — La jurisprudence qui écarte l'application de la loi de 1898 en cas de nullité du contrat a été appliquée dans un cas où le contrat était déclaré nul, parce que l'ouvrier s'était, sous un faux nom, imposé à un patron qui ne voulait pas de lui.

Je reconnais, avec M. Capitant, que le système que nous défendons est illogique. Malheureusement, nous savons tous ici que, si l'on veut arriver à des résultats pratiques, il faut parfois se résigner à être illogique.

Je pourrais rappeler à notre Président que ce n'est

qu'en se résignant à être fort illogique qu'il a pu introduire la journée de 10 heures pour une partie considérable des hommes adultes et faire faire à la législation du travail un de ses plus intéressants progrès. Je ne le lui ai jamais reproché, au contraire, je lui en ait fait honneur...

M. LE PRÉSIDENT. — C'était pour aboutir au plus vite. (*Rires*).

M. JAY. — C'est aussi pour aboutir au plus vite que M. Capitant et moi nous nous résignons à être, en ce moment, illogiques. La question que nous discutons a soulevé une véritable émotion ; elle est posée au Parlement par une proposition de M. le Dr Doisy, sur laquelle M. l'abbé Lemire a été chargé de présenter un rapport. Il nous semble qu'elle pourrait et devrait être très rapidement résolue.

M. LE PRÉSIDENT. — Ce n'est pas la question ; nous sommes tous d'accord sur l'application de la loi de 1898.

M. JAY. — Je ne voterais pas, quant à moi, un texte consacrant l'application pure et simple de la loi de 1898, parce que je ne puis accepter la pensée de voir ainsi réduite l'indemnité que les malheureux enfants pourraient obtenir.

Mlle DE MAGUERIE. — Je serais curieuse de savoir, en cas d'accident survenant à un enfant, je ne dirai pas en sous-âge, puisque, s'il a le certificat, treize ans n'est plus l'âge légal, mais en dehors des conditions légales d'acceptation de l'enfant, je serais curieuse de savoir par quelques jugements de tribunaux de justice de paix ou de tribunaux de première instance sur quoi se baseraient les magistrats pour donner l'indemnité prévue par l'article 1382. Je crois qu'ils se baseront toujours sur la loi de 1898.

M. Jay. — Jamais, jamais !

M. Capitant. — Les juges ne peuvent pas commettre une confusion pareille.

M. Alfassa. — Je vais me trouver d'accord avec l'idée qui guide Mme de Magnerie. Nous en arrivons à serrer le problème de plus près et à nous demander s'il faudrait préférer le *statu quo* et le recours au droit commun plutôt que l'application pure et simple de la loi de 1898.

Puisque M. Jay déclare qu'il préférerait, quant à lui, qu'on s'en tienne à la situation créée par la jurisprudence, je voudrais expliquer pourquoi je me sépare de lui. C'est d'abord pour des raisons théoriques et d'ordre général : Il me paraîtrait illogique de sanctionner un état de fait comme celui-là. Il me semble que la jurisprudence de la Cour de cassation n'est peut-être pas l'interprétation exacte des textes et qu'elle méconnaît l'intention du législateur de 1898.

Mais c'est aussi pour des considérations de fait :

L'idée qui préoccupe M. Jay est celle-ci : les enfants qui baseraient leur action sur l'article 1382 auraient une réparation pécuniaire plus grande, plus large, plus complète que celle qu'ils obtiendraient en vertu de la loi de 1898 parce que l'article 1382 permet la réparation intégrale.

M. Capitant. — Elle l'ordonne.

M. Alfassa. — Soit, mais il laisse entièrement à l'arbitraire du juge l'importance du dommage dont il ordonne la réparation intégrale.

M. JAY. — C'est exact.

M. ALFASSA. — C'est ici, puisque nous entrons dans le champ des hypothèses, que j'en ai une ou deux à formuler.

Il me paraît très vraisemblable que les tribunaux qui, dans la masse des cas, sont des tribunaux de première instance appliquant quotidiennement la loi de 1898, seront très embarrassés pour fixer le quantum de la perte subie par l'enfant, et qu'ils auront une très grande tendance à se reporter au barème qu'ils appliquent quotidiennement.

M. JAY. — C'est une hypothèse.

M. ALFASSA. — Elle me paraît juste.

M. JAY. — Je ne le crois pas.

M. LE PRÉSIDENT. — Je ne sais pas si l'assemblée saisit très bien — je vous demande pardon — l'observation faite en ce moment qui me paraît très grave et tout à fait juste.

Comment cela se passera-t-il devant le tribunal ? L'avocat du patron dira au tribunal d'abord : « Je nie », Mais à supposer que ce soit démontré qu'est-ce que vous allez donner à la victime ? Vous allez lui donnez ce que vous lui donneriez si la loi de 1898 lui était applicable. Et alors le tribunal rendra un jugement qui s'appuiera sur l'article 1382, naturellement, mais qui, comme il n'a pas à justifier du chiffre qu'il donne, allouera en vertu de l'article 1382 ce qu'il aurait dû en vertu de la loi de 1898. Cela arrivera neuf fois sur dix.

M. JAY. — Cela supposerait une magistrature terriblement incapable.

M. Alfassa. — Non pas, mais nous trouverons sans doute, que le tribunal aura d'autant plus de tendance à suivre cette pente qui s'offre tout naturellement à lui en vertu de ses habitudes professionnelles, quotidiennes, si nous entrons dans le domaine, un peu plus théorique, de la façon dont doit être apprécié le dommage causé à l'enfant et nous rencontrerons peut-être là une raison qui explique, dans une certaine mesure, cet air de marâtre dont parlait le rapporteur que la loi de 1898 a pris à l'égard des enfants : le dommage causé à l'enfant, même par un accident très grave, n'entraînant pas une incapacité totale, c'est une affaire entendue, mais entraînant une forte réduction de sa capacité de travail — le dommage, dis-je, est plus malaisé à apprécier quand il s'agit d'un enfant de moins de 13 ans — c'est notre cas — que lorsqu'il s'agit d'un ouvrier adulte en pleine possession de son métier et hors d'état d'en adopter un autre. S'il s'agit d'un enfant qui a une jambe coupée alors qu'il n'a pas treize ans, qu'il n'est pas encore à l'âge de choisir un métier ; qui peut par conséquent apprendre un autre métier qui peut s'exercer assis, où son accident ne lui nuira pas, le cas est tout différent de ce qu'il serait s'il s'agissait d'un adulte ayant un métier qui exige qu'il reste debout. L'enfant, pourra-t-on soutenir, subit un préjudice relativement faible parce qu'il est en mesure de prendre un métier qu'il peut exercer assis ; le dommage n'a pas pour lui la même importance qu'il aurait pour l'adulte. Par conséquent, en lui appliquant le barème prévu par la loi de 1898, le juge fera bonne justice.

C'est mon impression personnelle depuis longtemps, ce n'est pas pour les besoins de la cause que j'improvise. Il y a doute sur l'applicabilité possible de l'article 1382, mais je suis moins persuadé que vous qu'il y ait un avantage certain pour l'enfant à essayer, à travers toutes les difficultés de la procédure, tous les frais, toutes les longueurs de l'instance, d'obtenir du fait de l'article 1382 une situation meilleure que celle que lui ferait la loi de 1898. C'est pourquoi je me contente parfaitement de l'application pure et simple de la loi de 1898.

Mais je reconnais — j'insiste là-dessus, et c'est pour cela que j'ai défendu tout à l'heure l'interprétation de M. Capitant des arrêts de la Cour de cassation de 1895 — mais je reconnais, dis-je, que le principe affirmé par la Cour est extrêmement intéressant ; à savoir qu'il y a en fait une relation de cause à effet dans la violation d'une loi du travail ; et cette violation nous paraît plus grave lorsqu'elle est faite au détriment de l'enfant que lorsqu'il s'agit d'un adulte, parce que l'enfant sans défense possible la subit de deux parts : violation du fait du patron et du fait de ses parents.

Et à ce propos, je ne m'arrêterai pas à toutes les distinctions que faisait notre ami Barrault tout à l'heure sur la gravité plus ou moins grande des infractions à la loi de 1892 ; il se peut que, dans quelques cas spéciaux, le principe soit un peu rigoureux ; mais il en est ainsi pour toute loi. Nous avons un texte légal qui interdit le travail de l'enfant en dehors de certaines conditions : prenons-le dans son ensemble.

Il me paraît que ce principe, auquel les arrêts de la Cour de cassation donnent toute sa portée, mérite d'être affirmé par nous. Nous serions peut-être malvenus à essayer d'introduire de toute pièce, dans la loi de 1898, la notion de faute lourde si elle n'avait pas été prévue ; mais puisque la notion a été posée par le législateur de 1898, que, dans certains cas particulièrement graves, la responsabilité civile forfaitaire peut être accrue, il me paraît que nous sommes certainement dans un des cas où il serait extrêmement important au point de vue social de voir retenir le principe.

Ce sont ces raisons — je tiens à le répéter — qui me portent à désirer voir introduire le second paragraphe de M. Capitant à l'article 1er de la loi de 1898. Pour ma part, je demanderais même que l'on se contentât de ce second paragraphe et que l'article 1er de la loi de 1898 fût complété par ces mots : « Le fait d'embaucher, soit comme apprenti, soit comme ouvrier, un enfant qui n'a pas atteint, etc., constitue la faute inexcusable prévue par l'article 20 ».

Je ferai référer l'article 1er à la théorie de la Cour de cassation.

M. le Président. — Je demande à M. Alfassa de ne pas insister sur cette proposition, je vais dire pourquoi.

Nous sommes tous d'accord sur le premier paragraphe, la forme importe peu. Si, au contraire, on fait porter uniquement le vote sur le second paragraphe, sur lequel il y a certaines divergences, je craindrais qu'il n'y ait pas l'unanimité qui est désirable au point de vue le plus important : à savoir l'application de la loi de 1898.

M. Alfassa. — Je n'insiste pas.

M. Jay. — Je demanderai, au besoin, conformément à l'usage parlementaire, d'instituer un vote sur l'ensemble.

Un Membre. — Et lorsque la faute sera due à une manœuvre frauduleuse des parents ?

M. Capitant. — C'est prévu dans le texte.

Je veux répondre un mot aux observations présentées par M. Alfassa. Il craint que les magistrats, appelés à statuer sur le chiffre de l'indemnité prévue par le Code civil, ne continuent à appliquer le tarif réduit de la loi de 1898. Une telle confusion ne me semble pas possible. Comment, en effet, les choses se passeront-elles ?

On apportera au Tribunal un certificat de médecin constatant, par exemple, que l'accident a enlevé à l'enfant les 2/5 de sa capacité. Si le tribunal avait à appliquer la loi de 1898, il allouerait une rente égale à la moitié des 2/5, tandis que, statuant d'après les termes de l'article 1382, il sera bien obligé d'allouer à la victime une pension égale aux 2/5. Tout cela d'ailleurs est d'un intérêt rétrospectif, puisque nous sommes d'accord pour décider qu'il convient d'étendre la loi de 1898 aux accidents qui frappent les enfants âgés de moins de 13 ans.

M. Barrault. — A mon avis, le gros inconvénient de l'article 1382 — à côté des inconvénients qui ont été signalés par notre rapporteur — c'est que, en fait, à l'heure actuelle, les ouvriers et leurs conseils ne s'y adressent pas dans tous les cas. Cela me paraît une circonstance suffisamment grave pour retenir notre attention.

M. le Président. — L'heure s'approche et il faut que nous prenions une décision. Je vais mettre aux voix le premier paragraphe ainsi conçu :

« *La loi du 9 avril 1898 s'applique aux accidents survenus, par le fait ou à l'occasion du travail, à un enfant âgé de moins de 13 ans employé contrairement aux dispositions des articles 1 à 3 du livre II du Code du travail.* »

M. Alfassa. — Une petite modification, pourquoi mettre : « à un enfant de moins de 13 ans ? » il n'y a qu'à mettre : « à un enfant employé contrairement aux dispositions des articles 1 à 3 du livre II du Code du travail. »

M. Capitant. — Cela revient au même.

M. Barrault. — Tout à l'heure, M. le Président a proposé un autre texte dans lequel on viserait les vices atteignant le contrat du travail. Moi-même, lorsque j'avais pris la parole en premier, j'avais indiqué les raisons qui m'avaient paru militer en faveur de ce texte. Je crains que l'on vote un texte qui apparaisse comme restrictif dans la pensée du législateur, qui sanctionne la jurisprudence.

M. le Président. — Je ne propose pas de texte contraire parce que je crois qu'il est intéressant que de cette discussion sorte l'affirmation du vœu ; mais, si j'avais à m'expliquer sur le texte désirable, je ferais toute sorte d'observations sur le vœu, notamment celle-ci : c'est qu'il est, à mon avis, tout à fait mauvais de procéder par des lois nouvelles au lieu de modifier le texte même de la loi applicable. On arrive ainsi — nous le savons tous — à avoir une mosaïque de lois qu'il faut rapprocher les unes des autres pour pouvoir les appliquer ; ce qui rend l'application de la loi extrêmement difficile.

Mais je crois qu'en ce moment il s'agit surtout, pour l'Association, d'émettre un avis, de formuler un vœu. C'est pour cela que je n'insiste pas.

M. Razous. — Ne pourrait-on pas remettre le vote à une prochaine séance ?

Mlle de Maguerie. — Notre vœu ne sera jamais adopté tel que nous le proposerons.

M. Capitant. — Pourquoi ? Si vous prévoyez tous les

cas de nullité, toutes les violations de loi sur le travail, vous risquez de ne pas aboutir.

M. LE PRÉSIDENT. — Je ne suis saisi d'aucun autre texte, je mets donc aux voix le texte proposé par M. Capitant.

Le texte est adopté à l'unanimité.

Nous arrivons au deuxième paragraphe, qui est ainsi conçu :

« *Le fait d'embaucher sciemment, soit comme apprenti, soit comme ouvrier, un enfant qui n'a pas atteint l'âge prescrit par les articles précités du Code du travail, est assimilé à la faute inexcusable du chef d'entreprise prévue par l'article 20 de la loi du 9 avril 1898, à moins que l'infraction n'ait été le résultat d'une erreur provenant de la production d'actes de naissance, livrets ou certificats contenant de fausses énonciations ou délivrés pour une autre personne.* »

M. RAZOUS. — Je demanderai que l'on réserve la question de la sanction pour la discuter dans une autre séance et que l'on se borne simplement à voter la première partie.

M. LE PRÉSIDENT. — Je mets aux voix la proposition du rapporteur.

Le texte est adopté à l'unanimité.

M. RAZOUS. — J'ai l'honneur de proposer l'amendement suivant : « La faute inexcusable est appliquée dans le cas où il y a désobéissance aux interdictions formelles d'occupation prévues par le décret du 13 mai 1893 ».

M. JAY. — Votre amendement pourrait être formulé ainsi :

« La même règle sera applicable dans le cas de l'emploi d'un enfant à des travaux interdits par l'article 72, du livre II du Code du travail. »

M. le Président. — Je crois que nous entrons dans une question beaucoup plus large et différente de celle que nous venons de traiter.

M. Razous. — Je retire mon amendement.

M. le Président. — Dans ces conditions, l'ordre du jour est épuisé.

TEXTE DES VŒUX ADOPTÉS

L'Association Nationale Française pour la Protection légale des Travailleurs émet le vœu :

« Que la loi du 9 avril 1898 s'applique aux accidents survenus, par le fait ou à l'occasion du travail, à un enfant âgé de moins de 13 ans employé contrairement aux dispositions des articles 1 à 3 du livre II du Code du Travail ».

« Que le fait d'embaucher sciemment, soit comme apprenti, soit comme ouvrier, un enfant qui n'a pas atteint l'âge prescrit par les articles précités du Code du Travail, soit assimilé à la faute inexcusable du chef d'entreprise prévue par l'article 20 de la loi du 9 avril 1898, à moins que l'infraction n'ait été le résultat d'une erreur provenant de la production d'actes de naissance, livrets ou certificats contenant de fausses énonciations ou délivrés pour une autre personne ».

Sténographié par « COMMERCIA », sur machine à sténographier « GRANDJEAN » — Bourse du Commerce, rue du Louvre — PARIS.

TABLE DES MATIÈRES

TABLE MÉTHODIQUE

DES

Publications de l'Association Nationale Française pour la Protection Légale des Travailleurs

EN VENTE CHEZ F. ALCAN, éditeur, 108, boulevard Saint-Germain et Marcel RIVIÈRE, 31, rue Jacob

---

QUESTIONS GÉNÉRALES

L'Association internationale pour la protection légale des travailleurs et sa section française, par M. André LICHTENBERGER.

De la sanction par l'autorité publique des accords entre chefs d'entreprises commerciales et industrielles pour l'amélioration des conditions du travail, par MM. A. ARTAUD, membre du Conseil supérieur du Travail; Maurice DESLANDRES, professeur à la Faculté de droit de l'Université de Dijon; Justin GODART, député, 1912. — Une brochure, 80 p., in-16 (*Septième série* n° 3). — 1 fr.

PROTECTION LÉGALE DES EMPLOYÉS

La protection légale de l'employé et la réglementation du travail des magasins, par M. A. ARTAUD, membre du Conseil supérieur du Travail, 1904. — Une brochure, 35 p., in-16 (*Première série*, n° 5). — 0 fr. 60.

La réglementation légale de la durée du travail des employés, par M. Edgard DEPITRE, professeur à la Faculté de droit de l'Université de Lille. 1911. — Une brochure, in-16 (Publications de la section du Nord. *Sixième série bis*). — 1 fr. 50.

Cf. Questions générales (*Accords entre chefs d'entreprises*).

INDUSTRIE A DOMICILE

La réglementation du travail en chambre, par M. F. FAGNOT, enquêteur à l'Office du Travail, 1904. — Une brochure, 60 p., in-16 (*Première série*, n° 7). — 0 fr. 60

Le minimum de salaire dans l'industrie à domicile, par MM. B. RAYNAUD, professeur à la Faculté de droit de l'Université d'Aix-en-Provence; comte A. de MUN, député; abbé MÉNY, 1912. — Un volume, 316 p., in-16 (*Septième série*, n° 1). — 2 fr. 50.

Le travail à domicile en France, par MM. Paul PIC et A. AMIEUX, 1906 (*Rapport à l'Assemblée générale de Genève*). — 0 fr. 30.

Cf. Auxiliaires de l'Inspection (*Ligue sociale d'acheteurs*).

RÉGLEMENTATION DU TRAVAIL DANS LES MARCHÉS DE TRAVAUX PUBLICS

L'application dans la région du Nord et la revision des décrets sur les conditions du travail dans les marchés des administrations publiques, par MM. BARGERON, inspecteur du travail, et MASSON, président du Syndicat des typographes de Lille, 1908. — Une brochure, 90 p., in-16 (Publications de la section du Nord. *Cinquième série bis*, n° 2). — 1 franc.

LÉGISLATION DU TRAVAIL AUX COLONIES

La protection des travailleurs indigènes aux colonies, par M. René PINON, 1903. — Une brochure, 30 p., in-16 (*Première série*, n° 8). — 0 fr. 60.

TRAVAIL DES ENFANTS

L'âge d'admission des enfants au travail industriel. — Le travail de demi-temps, par M. Et. MARTIN-SAINT-LÉON, bibliothécaire du Musée social, 1903. — Une brochure. 43 p., in-16 (*Première série*, n° 3). — 0 fr. 60.

L'emploi des enfants dans les théâtres et cafés-concerts, par M. Raoul JAY, professeur à la Faculté de droit de l'Université de Paris, 1904. — Une brochure, 17 p., in-16 (*Première série*, n° 9). — 0 fr. 60.

La protection légale des enfants occupés hors de l'industrie. — I. La loi anglaise, par M. Edouard DOLLÉANS, 1906. — Une brochure, 68 p., in-16 (*Troisième série*, n° 4). — 0 fr. 60.

La protection légale des enfants employés hors de l'industrie. — II. La loi allemande, par M. Henry MOYSSET, 1906. — Une brochure, 60 p., in-16 (*Troisième série*, n° 5). — 0 fr. 60.

La protection légale des enfants occupés hors de l'industrie. — III. La situation en France, par MM G. MÉNY, Paul GEMAHLING, Mlle BLONDELU, MM. Georges PIOT, Raoul JAY, Léon VIGNOLS, 1906. — Une brochure, 103 p. in-16 (*Troisième série*, n° 6). — 0 fr. 60.

Le travail de nuit des adolescents dans l'industrie française, par M. Et. MARTIN SAINT-LÉON, bibliothécaire du Musée social, 1906. — Une brochure, 55 p., in-16 (*Rapport présenté à l'Assemblée générale de Genève*). — 0 fr. 60.

Le travail de nuit des enfants dans les usines à feu continu, par M. F. FAGNOT, enquêteur à l'Office du Travail, 1908. — Une brochure, 56 p., in-16 (*Rapport présenté à l'Assemblée générale de Lucerne*). — 0 fr. 60.

Le travail industriel des enfants, par M. Georges ALFASSA, 1908. — Une brochure, 37 p., in-16 (*Rapport présenté à l'Assemblée générale de Lucerne*). — 0 fr. 60.

Le travail de nuit des enfants dans les usines à feu continu, par M. LÉVÊQUE, inspecteur du travail, 1909. — Une brochure, 48 p., in-16 (Publications de la section du Nord. *Sixième série bis*, n° 2.) — 0 fr. 60.

Le travail de nuit des enfants dans les usines à feu continu, par M. l'abbé LEMIRE, député, 1910. — Une brochure, 54 p., in-16 (*Sixième série*, n° 1). — 1 franc.

La réduction du nombre des enfants employés la nuit dans les verreries, par M. LÉVÊQUE, inspecteur du travail, 1911. — (Publications de la section du Nord. *Sixième série bis*, n° 2). — 1 fr. 60.

Cf. — ACCIDENTS DU TRAVAIL.

TRAVAIL DES FEMMES

La protection légale des femmes avant et après l'accouchement, par M. le docteur FAUQUET, 1903. — Une brochure, 29 p., in-16 (*Première série*, n° 1). — 0 fr. 60.

La Conférence officielle de Berne (*Travail de nuit des femmes*), par M. A. MILLERAND, député, 1905. — Une brochure, 20 p., in-16 (*Troisième série* n° 2). — 0 fr. 60.

De l'extension de la loi du 29 décembre 1900 aux femmes employées dans l'industrie, par Mme DE LA RUELLE, inspectrice du travail, 1906. — Une brochure, 36 p., in-16 (*Troisième série*, n° 7). — 0 fr. 60.

La protection de la maternité ouvrière, par MM. PAUL STRAUSS, sénateur, et LOUIS MARIN, député, 1912. — Une brochure, 100 p., in-16 (*Septième série*, n° 2). — 1 franc.

Cf. — INDUSTRIE A DOMICILE.

DURÉE DU TRAVAIL

La réglementation hebdomadaire de la durée du travail. — Le repos du samedi, par MM. IVAN STROHL, industriel, et F. FAGNOT, enquêteur à l'Office du Travail, 1903. — Une brochure, 30 p., in-16 (*Première série*, n° 2). — 0 fr. 60.

La réglementation de la durée du travail dans les mines, par M l'abbé LEMIRE, député, 1904. — Une brochure, 44 p., in-16° (*Première série*, n° 6). — 0 fr. 60.

La durée légale du travail. — Des modifications à apporter à la loi de 1900, par MM. FAGNOT, enquêteur à l'Office du Travail; MILLERAND, député, et STROHL, industriel, 1905. — Un volume, 300 p., in-16 (*Deuxième série*). — 2 fr. 50.

Le contrôle de la durée du travail, par M. GEORGES ALFASSA, 1905. — Une brochure, 59 p., in-16 (*Troisième série*, n° 3). — 0 fr. 60.

La limitation de la journée légale de travail en France, par M. RAOUL JAY, professeur à la Faculté de droit de l'Université de Paris, 1906. — Une brochure, 92 p., in-16 (*Rapport à l'Assemblée générale de Genève*. — 0 fr. 60.

L'organisation du travail dans les usines à feu continu, par M. P. BOULIN, inspecteur divisionnaire du travail, 1912. — Une brochure, 48 p., in-16 (*Rapport présenté à l'Assemblée générale de Zurich*). — 1 fr.

La réglementation du travail dans les usines à marche continue, par M. F. FAGNOT, enquêteur à l'Office du Travail, 1913 (*Nouvelle série*, n° 1). — 1 fr. 50.

Cf. PROTECTION LÉGALE DES EMPLOYÉS.

TRAVAIL DE NUIT

Le travail de nuit dans les boulangeries, par M. JUSTIN GODART, député, 1910. — Une brochure, 47 p., in-16 (*Sixième série*, n° 3). — 0 fr. 60.

Cf. — TRAVAIL DES ENFANTS (*Usines à feu continu*). — TRAVAIL DES FEMMES (*Conférence de Berne*).

HYGIÈNE ET SÉCURITÉ DES TRAVAILLEURS

L'interdiction de la céruse dans l'industrie de la peinture, par M. J. L. BRETON, député, 1905. — Une brochure, 50 p., in-16 (*Troisième série*, n° 1. — 0 fr. 60.

La conférence officielle de Berne (*emploi du phosphore blanc*), par M. A. MILLERAND, député, 1905. — Une brochure, 20 p., in-16 (*Troisième série*, n° 2). — 0 fr. 60.

Les poisons industriels, par M. GEORGES ALFASSA, ingénieur E. C. P 1906. - Une brochure, 31 p., in-16 (*Rapport à l'Assemblée générale de Genève*). — 0 fr. 60.

La réforme de la procédure de la mise en demeure, organisée par la loi du 12 juin 1893 - 11 juillet 1903, sur l'hygiène et la sécurité des travailleurs, par M. E. BRIAT, membre du Conseil supérieur du Travail, 1910. - Un volume, 150 p., in-16 (*Sixième série*, n° 2). — 2 fr. 50.

Les maladies professionnelles, par M. J.-L. BRETON, député, 1911. — Une brochure, 101 p., in-16 (*Sixième série*, n° 5). — 1 fr.

Cf. TRAVAIL DES FEMMES (*Maternité*).

ACCIDENTS DU TRAVAIL

L'Assurance ouvrière et les ouvriers étrangers, par M. HENRI BARRAULT, 1906. — Une brochure, 10 p., in-16 (*Rapport à l'Assemblée générale de Genève*). — 0 fr. 10.

La réalisation de l'égalité entre nationaux et étrangers, au point de vue de l'indemnisation des accidents du travail par voie de convention internationale par M. A. BOISSARD, 1908. — Une brochure, 10 p., in-16 (*Rapport à l'Assemblée générale de Lucerne*). - 0 fr. 10.

Les accidents du travail dans l'agriculture, par M. HENRI CAPITANT, professeur à la Faculté de droit de l'Université de Paris, 1909. — Un volume, 142 p., in-16 (*Cinquième série*, n° 6). — 1 fr. 75.

La prévention des accidents sur les voies ferrées des usines, par M. LÉVÊQUE, inspecteur du travail, 1909. — Une brochure, 33 p., in-16 (Publication de la section du Nord. *Cinquième série bis*, n° 4). — 0 fr. 60.

Les accidents du travail survenus aux enfants âgés de moins de treize ans, par M. HENRI CAPITANT, professeur à la Faculté de droit de l'Université de Paris, 1913. — Une brochure, 53 p., in-16 (*Nouvelle série* n° 3) — 1 fr.

PROTECTION DU SALAIRE

La loi du 7 mars 1850 et le mesurage du travail à la tâche, par M. A. BOISSARD, 1908. — Une brochure, 86 p., in-16 (*Cinquième série*, n° 2). — 0 fr. 60.

La saisie-arrêt des salaires et traitements, par M. CHARLES GUERNIER, professeur à la Faculté de droit de Lille, député d'Ille-et-Vilaine, 1913. — Une brochure, 47 p., in-16 (*Nouvelle série*, n° 2). — 1 fr.

Cf. — INDUSTRIE A DOMICILE (*Minimum de salaire*).

CONTRAT DE TRAVAIL

Le contrat de travail (*Examen du projet de loi du gouvernement sur le contrat individuel et la convention collective*, par MM. PERREAU, professeur à la Faculté de droit de l'Université de Paris, et F. FAGNOT, enquêteur à l'Office du Travail, 1907. — Un volume, 219 p., in-16 (*Quatrième série*). — 3 fr. 50.

Le contrat de travail et le Code civil (*Examen des textes que la Commission du Travail de la Chambre des députés propose d'introduire dans le Code civil*), par MM. PERREAU, professeur à la Faculté de droit de l'Université de Paris, et GROUSSIER, député, 1908. — Un volume, 261 p., in-16 (*Cinquième série*, n° 3). — 3 fr. 50.

CONFLITS DU TRAVAIL

La grève et l'organisation ouvrière, par M. A. MILLERAND, député, 1906. — Une brochure, 48 p., in-16 (*Troisième série*, n° 8). — 0 fr. 60.

La conciliation dans les conflits collectifs et les travaux de la section du Nord de l'Association, par M. AFTALION, professeur à la Faculté de droit de l'Université de Lille, 1908. — Une brochure, 168 p., in-16 (*Cinquième série*, n° 1). — 0 fr. 60.

Le règlement amiable des conflits du travail, par MM. AFTALION, professeur à la Faculté de droit de l'Université de Lille; ARQUEMBOURG, ingénieur des arts et manufactures, et FAGNOT, enquêteur à l'Office du Travail, 1911. — Un volume 249 p., in-16 (*Sixième série*, n° 7). — 2 fr. 50.

CHOMAGE

Les caisses de chômage, par M. DE LAUWEYRENS DE ROOSENDAELE, 1907. — (Publications de la section du Nord. *Cinquième série bis*, n° 1). — 1 fr.

La lutte contre le chômage dans le Nord, par M. DE LAUWEYRENS DE ROOSENDAELE, 1910. — Une brochure, 56 p., in-16. — (Publications de la section du Nord. *Cinquième série bis*, n° 5). — 1 franc.

Les problèmes du chômage, par MM. F. FAGNOT, enquêteur à l'Office du Travail; MAX LAZARD, Docteur en droit, et LOUIS VARLEZ, Président de la Bourse du Travail et du Fonds de Chômage de Gand, 1910. — Un volume, 215 p., in-16 (*Sixième série*, n° 1). — 2 fr. 50.

PLACEMENT

Le placement et sa réorganisation, par MM. DODANTHUM et DE LAUWEREYNS DE ROOSENDAELE, 1912. — Une brochure, 79 p., in-16. (Publications de la section du Nord. *Sixième série bis*, n° 3). — 1 fr. 50.

CONSEILS DE PRUD'HOMMES

Les demandes reconventionnelles devant le Conseil des prud'hommes, par M. E. BRIAT, membre du Conseil supérieur du Travail, 1911. — Une brochure, 54 p., in-16 (*Sixième série*, n° 6). — 1 franc.

INSPECTION DU TRAVAIL

La réforme de l'inspection du travail en France, par M. EUGÈNE PETIT, avocat à la Cour d'Appel de Paris, 1909. — Un volume, 298 p., in-16 (*Cinquième série*, n° 4). — 3 fr. 50.

Cf. DURÉE DU TRAVAIL (*Contrôle*); HYGIÈNE ET SÉCURITÉ (*Mise en demeure*).

AUXILIAIRES DE L'INSPECTION DU TRAVAIL

La Ligue sociale d'acheteurs, par Mme JEAN BRUNHES, 1903. — Une brochure, 36 p., in-16 (*Première série*, n° 4). — 0 fr. 60.

Le droit de citation directe pour les associations, par M. HENRI HAYEM, 1904. — Une brochure, 21 p., in-16 (*Première série*, n° 10). — 0 fr. 60.

Collaboration des ouvriers organisés à l'œuvre de l'inspection du travail, par M. HENRI LORIN, 1909. — Un volume, 174 p., in-16 (*Cinquième série*, n° 5). — 1 fr. 75.

PUBLICATIONS

DE

l'Association Internationale pour la Protection Légale des Travailleurs

---

PUBLIÉ PAR LE BUREAU DE L'ASSOCIATION INTERNATIONALE POUR LA PROTECTION LÉGALE DES TRAVAILLEURS

Président : Henri SCHERRER, conseiller d'Etat, à Saint-Gall ; *Vice-Président* : Adrien LACHENAL, ancien conseiller fédéral ; *Secrétaire général* : Stéphan BAUER, professeur à l'Université de Bâle.

N° 1. — L'Association internationale pour la Protection légale des Travailleurs. — Assemblée constitutive tenue à Bâle les 27 et 28 septembre 1901. — Rapports et compte rendu des séances. — 1 vol. 270 p. PRIX : 5 fr.

N° 2. — Compte rendu de la 2e assemblée générale du Comité de l'Association internationale pour la Protection légale des Travailleurs, tenue à Cologne les 26 et 27 septembre 1902, suivi de rapports annuels de l'Association internationale et de l'Office international du Travail. 1903. — 1 vol., 82 p. PRIX : 2 fr.

N° 3. — Compte rendu de la 3e assemblée générale du Comité de l'Association internationale pour la Protection légale des Travailleurs, tenue à Bâle les 26, 27 et 28 septembre 1904, suivi de rapports annuels de l'Association internationale et de l'Office international du Travail. 1905. — 1 vol., 176 p. PRIX : 4 fr.

N° 4. — Deux mémoires présentés aux Gouvernements des Etats industriels en vue de la convocation d'une Conférence internationale de protection ouvrière. — I. Mémoire explicatif sur les bases d'une interdiction internationale du travail de nuit des femmes. — II. Mémoire explicatif sur l'interdiction de l'emploi

du phosphore blanc dans l'industrie des allumettes. 1905. — 1 vol., 49 p. PRIX : 2 fr. 50.

N° 5. — Compte rendu de la 4e assemblée générale du Comité de l'Association internationale pour la Protection légale des Travailleurs, tenue à Genève les 26, 27, 28 et 29 septembre 1906, suivi des rapports annuels de l'Association internationale et de l'Office international du Travail. 1907. — 1 vol., 163 p. PRIX : 4 fr.

N° 6. — Compte rendu de la 5e assemblée générale du Comité de l'Association internationale pour la Protection légale des Travailleurs, tenue à Lucerne les 28, 29 et 30 septembre 1908, suivi des rapports annuels de l'Association internationale et de l'Office international du Travail. 1909. — 1 vol., 216 p. PRIX : 5 fr.

N° 7. — Compte rendu de la 6e assemblée générale du Comité de l'Association internationale pour la Protection légale des Travailleurs, tenue à Lugano les 26, 27 et 28 septembre 1910, suivi des rapports annuels de l'Association internationale et de l'Office international du Travail. 1910. — 1 vol., 193 p. PRIX : 5 fr.

Les Industries insalubres. — Rapport sur leurs dangers et les moyens de les prévenir, particulièrement dans l'industrie des allumettes et celles qui fabriquent ou emploient des couleurs de plomb. Publié au nom de l'Association internationale et précédé d'une préface par St. BAUER, professeur à l'Université de Bâle, directeur de l'Office international du Travail. 1903. — 1 vol., 460 p. PRIX : 7 fr. 50.

Le Travail de nuit des femmes dans l'industrie. — Rapports sur son importance et sa réglementation légale. Publiés au nom de l'Association internationale et précédés d'une préface par St. BAUER, professeur à l'Université de Bâle, directeur de l'Office international du Travail. 1903. — 1 vol., 384 p. PRIX : 6 fr.

Rapport comparatif sur l'application des lois ouvrières. — Publié par l'Office international du Travail à Bâle. Tome I. L'Inspection du Travail en Europe. 1910.

OUVRAGES NON MIS EN VENTE :

Association pour la Protection légale des Travailleurs. Concours international pour la lutte contre le saturnisme.

Les Fonderies de plomb, par M. BOULIN, inspecteur divisionnaire du Travail à Lille. Ouvrage couronné.

(*Extrait du Bulletin de l'Inspection du Travail, 1906, n*os *5 et 6*).

Le Saturnisme dans la typographie, par M. DUCROT, ancien élève de l'École polytechnique. Ouvrage couronné.

(*Extrait du Bulletin de l'Inspection du Travail, 1906, n*os *5 et 6*).

L'Association internationale pour la Protection légale des Travailleurs et l'Office international du Travail, 1901-1910. — Origines. — Organisations. — Œuvre réalisée. — Documents. — Rapport présenté au Congrès mondial des associations internationales (Bruxelles, mai 1910), par S. BAUER, secrétaire général de l'Association internationale pour la Protection légale des Travailleurs, directeur de l'Office international du Travail, professeur à l'Université de Bâle. Bruxelles, 1910 (*épuisé*).

Orléans — Imp. AUGUSTE GOUT & Cie.

[illegible] Association Natio[na]le Française pour la Protection Légale des Travailleurs

EN VENTE CHEZ F. ALCAN, éditeur, 108, boulevard Saint-Germain et Marcel RIVIÈRE, 31, rue Jacob

PREMIÈRE SÉRIE

L'Association pour la protection légale, par M. André LICHTENBERGER.

I. *La protection légale des femmes av. et ap. l'accouchement.* — Rap. de M. le Dr FAUQUET.

II. *La réglementation hebdomadaire de la durée du travail. — Le repos du samedi.* — Rapports de M. Ivan STROHL, industriel, et de M. FAGNOT, de l'Office du travail.

III. *L'âge d'admission des enfants au travail industriel. — Le travail de demi-temps.* — Rapport de M. Et. MARTIN-SAINT-LÉON.

IV. *La ligue sociale d'acheteurs.* — Rapport de Mme Jean BRUNHES.

V. *La protection légale de l'employé et la réglementation du travail des magasins.* — Rapport de M. A. ARTAUD.

VI. *La réglementation de la durée du travail dans les mines.* — Rap. de M. l'abbé LEMIRE.

VII. *La réglementation du travail en chambre.* — Rap. de M. FAGNOT, de l'Office du travail.

VIII. *La protection des travailleurs indigènes aux colonies.* — Rapport de M. René PINON.

IX. *L'emploi des enfants dans les théâtres et cafés-concerts.* — Rapport de M. Raoul JAY.

X. *Le droit de citation directe pour les Associations.* — Rapport de M. Henri HAYEM.

Chaque br. : 0 fr. 60. L'ensemble de ces broch. forme un vol. de 3 f. 50 sous le titre : LA PROTECTION LÉGALE DES TRAVAILLEURS

DEUXIÈME SÉRIE

LA DURÉE LÉGALE DU TRAVAIL. — *Des modifications à apporter à la loi de 1900.* — Rapports de MM. FAGNOT, MILLERAND et STROHL. — 1 vol., 2 fr. 50.

TROISIÈME SÉRIE

I. *L'interdiction de la céruse dans l'indust. de la peinture.* — Rap. de M. BRETON, député.

II. *La Conférence officielle de Berne.* — Rap. de M. MILLERAND, présid. de l'Association.

III. *Le Contrôle de la durée du travail.* — Rapport de M. Georges ALFASSA.

IV. *La protection légale des enfants occupés hors de l'industrie. — I. La loi anglaise.* — Rapport de M. Edouard DOLLÉANS.

V. *La protection légale des enfants occupés hors de l'industrie. — II. La loi allemande.* — Rapport de M. Henry MOYSSET.

VI. *La Protection légale des enfants occupés hors de l'industrie en France. — III. La Situation en France.* — Communications de MM. l'abbé MENY, GEMAHLING, Mlle BLONDELU, MM. Georges PIOT, Raoul JAY, Léon VIGNOLS.

VII. *De l'extension de la loi du 29 décembre 1900 aux femmes employées dans l'industrie.* — Rapport de Mme DE LA RUELLE, inspectrice du travail

VIII. *La grève et l'organisation ouvrière.* — Communication de M. A. MILLERAND, président de l'Association.

Chaque br. : 0 f. 60. L'ensemble de ces broch forme un vol de 3 f. 50 sous le titre : LA PROTECTION LÉGALE DES TRAVAILLEURS. — 3e série (1905-1906)

Rapports présentés au Congrès de Lucerne (1908) par la Section française

Le travail de nuit des adolescents dans l'industrie française. — Rapport de M. MARTIN-SAINT-LÉON. — Brochure, 0 fr. 60.

Les poisons industriels. — Rapport de M. Georges ALFASSA. — Brochure, 0 fr. 60.

L'assurance ouvrière et les ouvriers étrangers. — Rap. de M. H. BARRAULT. — Br., 0 f. 10.

La limitation légale de la journée de travail en France. — Rap. de M. R. JAY. — Br., 0 f. 60.

Le travail à domicile en France. — Rapport de MM. Paul PIC et A. AMIEUX. — Br., 0 fr. 30.

QUATRIÈME SÉRIE

LE CONTRAT DE TRAVAIL (Examen du projet de loi du Gouvernement). — Rapports de M. PERREAU, professeur à la Faculté de Droit de Paris, et de M. FAGNOT, enquêteur au ministère du Travail. — 1 volume, 3 fr. 50.

Rapports présentés à l'Assemblée de Genève (1906) par la Section française

Le travail de nuit des enfants dans les usines à feu continu. — Rapport de M. F. FAGNOT. — Br., 0 fr. 60.

Le travail industriel des enfants. — Rapport de M. Georges ALFASSA. — Br. 0 fr. 60.

La réalisation de l'égalité entre nationaux et étrangers. — Rapport de M. A. BOISSARD — Br. 0 fr. 10.

CINQUIÈME SÉRIE

I. *La Conciliation dans les conflits collectifs et les travaux de la section du Nord de l'Association.* — Rap. de M. Aftalion. — Brochure, 0 fr. 60.

II. *La loi du 7 mars 1850 et le Mesurage du travail à la tâche.* — Rapport de M. Ad. Boissard. — Brochure, 0 fr. 60.

III. *Le Contrat de travail et le Code civil.* — Rapports de MM. Perreau et Groussier. — 1 volume, 3 fr. 50.

IV. *La Réforme de l'inspection du travail en France.* — Rapport de M. Eugène Petit. — 1 volume, 3 fr. 50.

V. *Collaboration des ouvriers organisés à l'œuvre de l'inspection du travail.* — Rapport de M. Henri Lorin. — 1 volume, 1 fr. 75.

VI. *Les Accidents du Travail dans l'Agriculture.* — Rapport de M. Henri Capitant. — 1 volume, 1 fr. 75.

CINQUIÈME SÉRIE bis

Publications de la Section du Nord

I. *Les Caisses de chômage.* — Rap. de M. de Lauwereyns de Roosendaele. — Br., 0 fr. 60.

II. *L'application dans le Nord et la Révision des Décrets de 1899 sur les conditions du travail dans les marchés publics.* — Rapports de MM. Bargeron et Masson. — Brochure, 1 fr.

III. *Le travail de nuit des enfants dans les usines à feu continu.* — Rapport de M. Lévêque. — Brochure, 0 fr. 60.

IV. *La prévention des accidents sur les voies ferrées des usines.* — Rapport de M. Lévêque. — Brochure, 0 fr. 60.

V. *La lutte contre le chômage dans le Nord* — Rapport de M. de Lauweyrens de Roosendaele. — Brochure, 1 fr.

SIXIÈME SÉRIE

I. *Les Problèmes du Chômage.* — Rapports de MM. F. Fagnot, Max Lazard, Louis Varlez. — 1 volume, 2 fr. 50.

II. *La Réforme de la Procédure de la Mise en Demeure.* — Rapport de M. E. Briat. — 1 volume, 2 fr. 50.

III. *Le Travail de Nuit dans les Boulangeries.* — Rapport de M. Justin Godart — 1 volume, 1 fr. 25.

IV. *Le Travail de nuit des enfants dans les usines à feu continu.* — Rapport de M. l'abbé Lemire. — Brochure, 1 fr.

V. *Les Maladies Professionnelles.* — Rapport de M. L.-J. Breton. — Brochure, 1 fr.

VI. *Les Demandes reconventionnelles, devant le Conseil des Prud'hommes.* — Rapport de M. E. Briat. — Brochure, 1 fr.

VII. *Le Règlement amiable des Conflits du Travail.* — Rapports de MM. Aftalion, Arquembourg et Fagnot. — 1 volume, 2 fr. 50.

SIXIÈME SÉRIE bis

Publications de la Section du Nord

I et II. *La Réglementation légale de la durée du travail des employés.* — Rapport de M. Depitre. — *La réduction du nombre des enfants employés la nuit dans les verreries.* — Rapport de M. Lévêque. — Brochure, 1 fr. 50.

III. *Le Placem[illegible] sa réorganisation.* — Rapports de MM. Dodanthum et de Lauwer[illegible] Roosendaele. — Brochure, 1 fr. 50.

SEPTIÈME SÉRIE

I. *Le Minimum de salaire dans l'industrie à domicile.* — Rapports de MM. B. Raynaud, Comte A. de Mun, Abbé Mény. — 1 volume, 2 fr. 50.

II. *La Protection de la Maternité ouvrière.* — Rapports de MM. Louis Marin et Paul Strauss. — Brochure, 1 franc.

III. *De la sanction par l'autorité publique des accords entre chefs d'Entreprises commerciales et industrielles pour l'amélioration des conditions du travail.* — Rapports de MM. Artaud, Deslandres et Justin Godart. — Brochure, 1 fr.

NOUVELLE SÉRIE

Les publications de l'Association paraîtront dorénavant en une série unique et ininterrompue

I. *La Réglementation du Travail dans les Usines à marche continue.* — Rapport de M. F. Fagnot. — Brochure, 1 fr. 50.

II. *La Saisie-Arrêt des salaires et traitements.* — Rapport de M. Ch. Guernier. — Brochure, 1 fr.

III. *Les Accidents du Travail survenus aux enfants âgés de moins de treize ans.* — Rapport de M. Henri Capitant. — Brochure, 1 fr.

Orléans. — Imp. Auguste Gout & Cie

www.ingramcontent.com/pod-product-compliance
Ingram Content Group UK Ltd.
Pitfield, Milton Keynes, MK11 3LW, UK
UKHW031946260826
14628UKWH00004B/1889

9 782014 027594